北大赛瑟—英杰华保险研究系列丛书
Beida CCISSR-Aviva Insurance Research Series

金融综合经营背景下的中国保险业发展
——制度演进、模式比较与战略选择

The Development of China's Insurance Industry in the Context of Financial Integration — An Economics Analysis

孙祁祥 郑伟 等著

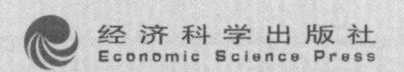

经济科学出版社
Economic Science Press

致 谢
ACKNOWLEDGEMENT

本课题研究得到英杰华集团的大力支持，在此致以衷心感谢！

This research project has received great support from Aviva, which we hereby gratefully acknowledge.

《金融综合经营背景下的中国保险业发展
——制度演进、模式比较与战略选择》

课题组成员

课题主持人： 孙祁祥　郑　伟

课题组成员：

孙祁祥
　　经济学博士，北京大学教授、博士生导师，北京大学经济学院副院长兼风险管理与保险学系主任，北京大学中国保险与社会保障研究中心（CCISSR）主任，中国保险学会常务理事，亚太风险与保险学会（APRIA）副主席。

李心愉
　　北京大学教授、博士生导师，北京大学中国保险与社会保障研究中心（CCISSR）研究员。

王国军
　　经济学博士，对外经济贸易大学教授、博士生导师，北京大学中国保险与社会保障研究中心（CCISSR）研究员。

郑　伟
　　经济学博士，北京大学副教授，北京大学经济学院风险管理与保险学系副主任，北京大学中国保险与社会保障研究中心（CCISSR）秘书长，中国保险学会理事。

朱南军
　　管理学博士，北京大学副教授，北京大学中国保险与社会保障研究中心（CCISSR）副秘书长。

朱俊生
　　经济学博士，首都经济贸易大学副教授，北京大学中国保险与社会保障研究中心（CCISSR）博士后，中国保险学会理事。

何小伟
　　北京大学经济学院风险管理与保险学系博士研究生。

李　杰
　　北京大学经济学院风险管理与保险学系博士研究生。

肖志光
　　北京大学经济学院风险管理与保险学系博士研究生。

序

经过多年的不懈努力，我们初步探索了一条具有中国特色的保险业发展道路。对于什么是中国特色的保险业，我们形成了几点初步的认识：一是必须始终坚持以科学发展观统领保险业发展全局；二是必须始终坚持把服务最广大人民群众作为保险业发展的根本目的；三是必须始终坚持用发展的办法解决保险业前进中的问题；四是必须始终坚持把加强改善监管和防范化解风险作为保险业健康发展的根本保证；五是必须始终坚持把建设创新型行业作为保险业发展的必由之路；六是必须始终坚持把政府推动和政策支持作为保险业发展的重要动力。

当前保险业发展的总体形势很好。从宏观形势看，发展的外部条件十分有利；从行业自身看，我们具备了又好又快发展的基础；从政策环境看，政策支持力度不断加大。国务院领导同志十分重视和关心保险业发展，多次对保险工作作出重要指示。温家宝总理指出，保险是一个重要的行业，保险业发展有利于稳定人们未来预期，从而促进消费，扩大内需，这是关系全局的一件事。《国务院关于保险业改革发展的若干意见》发布后，保险业在国家经济社会整体布局中的定位更加清晰，即保险具有经济补偿、资金融通和社会管理功能，是市场经济条件下风险管理的基本手段，是金融体系和社会保障体系的重要组成部分，在社会主义和谐社会建设中具有重要作用。很多地方政府和行业主管部门把保险业纳入自身发展规划统筹考虑，社会各界对商业保险在现代经济社会中重要作用的认识逐步提高，保险业发展的社会环境逐步改善。

保险业改革发展的成绩得到了社会各界的普遍认可。但是，发展的形势越好，我们越是要保持清醒的头脑。我们要以对事业高度负责的态度，居安思危，未雨绸缪，认真发现和解决保险业前进道路中的苗头性问题，不断提高保险业贯彻落实科学发展观的能力。当前，我国保险业发展仍面临一些差距和挑战：一是与国际保险业相比还有较大差距；二是保险公司的竞争能力与国外先进保险企业相比还有较大差距；三是与经济社会发展的要求相比还有较大差距。此外，随着金融综合经营的逐步发展，以及不同金融行业之间产品替代性的不断增强，保险业还面临着来自其他金融行业竞争的压力。由于我国保险业仍然处在发展的初级阶段，保险市场、保险经营者、保险监管机构和保险消费者都还不成熟，因此存在这样那样的问题并不可怕，关键是要对问题的本质和成因有清楚的认识，并在保险业发展实践中切实加以解决。

总体来看，保险业加快发展的机遇与挑战并存。我们必须从经济社会发展全局和保险业长远发展的战略高度，充分认识抢抓机遇、加快发展的重要性和紧迫性。

保险理论研究是保险工作中一个很重要的方面，对推动保险业改革发展实践具有十分重要的作用。坚持以反映时代特征和实践要求的科学理论指导实践，并根据实践的新鲜经验不断推进理论创新，是推进保险事业发展的有力保证。当前保险业改革发展取得了一些显著成绩，但同时也存在不少的突出矛盾和难点问题。要回答和解决好这些问题，就必须进一步加强保险理论研究，通过不断地从实践到理论、从理论到实践、再从实践到理论，为解决好当前的难点问题提供科学的理论指导，促进保险业加快发展。

北京大学作为国内一流的高等学府，是我国学术研究和理论创新的重要基地。北京大学中国保险与社会保障研究中心（CCISSR）自2003年成立以来，秉承北京大学"爱国、进步、民主、科学"的校训精神，以搭建政产学交流沟通平台、推进理论研究和知识创新为宗旨，为我国保险业发展做出了积极的贡献。此次推出"北大赛瑟-英杰华保险研究系列丛书"，每年选取一个中国保险业发展面临的重大、难点或焦点问题进行深入系统的研究，并将研究成果出版发行，这是我国保险理论研究领域一件非常有意义的事情。我借此机会，向该系列丛书的出版表示衷心祝贺，并预祝我国保险学术界在未来有更加丰富的优秀研究成果不断面世，为我国保险业的发展起到更大的推动作用！

吴定富

中国保监会主席

贺辞

值此"北大赛瑟—英杰华保险研究系列丛书"出版之际，我要向本系列研究的承担者北京大学中国保险与社会保障研究中心致以诚挚的祝贺，祝贺他们经过艰辛的努力取得了丰硕的研究成果！

经验告诉我们，学术研究在推动产业的健康发展方面具有十分重要的价值。英杰华集团希望通过支持这一系列研究，来促进中国保险业更加专业化和良性的发展。

英杰华集团是世界第五大、英国第一大保险集团。凭借300多年的专业经验，我们正通过合资企业中英人寿致力于在中国的发展。中国业务的增长也使我们意识到要为中国在保险行业的发展以及未来的领先地位贡献绵薄之力。

中国是全球未来几十年最具活力的经济体之一，经济的增长预示着中国保险业发展的光明前景。"北大赛瑟－英杰华保险研究系列丛书"的应时推出在这一发展中具有里程碑式的意义。

再次祝贺北大中国保险与社会保障研究中心出版该系列丛书。英杰华集团以能够分享这一成功为傲。

Sharman 勋爵
英杰华集团主席

CONGRATULATION

I would like to express my sincere congratulations to the China Center for Insurance and Social Security Research (CCISSR) of Peking University, on the publication of "Beida CCISSR-Aviva Insurance Research Series". The success of this Series is a result of the tremendous efforts by Beida's CCISSR research team.

Our past experiences tell us that academic research is extremely valuable in steering the right course of development for any growing industry. Indeed, in supporting this Research Series, Aviva wants to encourage the professional and prudent development of a Chinese insurance industry.

Aviva is the world's 5th largest insurance group and the largest in the United Kingdom. Building upon 300 years' of expertise and experience, Aviva is firmly committed to our life insurance business through our China joint venture Aviva-COFCO. As we grow our business, we are also mindful of our commitment to China's development and future leadership in the insurance industry.

The Chinese economy will present one of the world's most exciting growth opportunities in the decades to come. This growth augurs well for the development prospects for the Chinese insurance industry and we see the "Beida CCISSR-Aviva Insurance Research Series" as a major milestone in this development.

Once again, congratulations to the Beida's CCISSR research team on the publication of this Series. Aviva is very proud to be associated with this success.

Lord Sharman
Chairman, Aviva plc

前言

本书是北京大学中国保险与社会保障研究中心（CCISSR）承担的英杰华集团（Aviva）支持研究课题《金融综合经营背景下的中国保险业发展——制度演进、模式比较与战略选择》的最终成果，也是"北大赛瑟-英杰华保险研究系列丛书"的第二本专著。当前，世界发达国家金融业综合经营趋势日益显现，中国《国民经济和社会发展"十一五"规划》和《金融业发展和改革"十一五"规划》明确提出，要"稳步推进金融业综合经营试点"。在这样一个大环境下，研究"金融综合经营背景下的中国保险业发展"，我认为具有非常重要的理论意义和现实意义。

本课题从2007年6月启动，历时一年完成。课题由我和北京大学经济学院的郑伟副教授共同主持，课题组成员还包括：北京大学李心愉教授、对外经济贸易大学王国军教授、北京大学朱南军副教授、首都经济贸易大学朱俊生副教授、北京大学博士研究生何小伟、李杰、肖志光。郑伟博士在课题的总体设计、组织协调、课题出版等方面做了大量工作，北京大学经济学院的陈东博士翻译了本书的英文摘要。在此，我要感谢他们及课题组全体成员对本课题的辛苦付出。

在本书出版之际，我要特别感谢中国保监会主席吴定富先生为"北大赛瑟-英杰华保险研究系列丛书"作序，感谢英杰华集团主席Sharman勋爵为本系列丛书出版发来贺辞。

本课题是在英杰华集团的大力支持下完成的。我要借此机会特别感谢英杰华集团亚太区董事总经理Simon Machell先生、前亚洲区董事总经理Charles Anderson先生、前亚洲区品牌与公关部市场总监Jessica Lee女士、亚太区事业发展部主管姜爽爽女士对本课题研究和本书出版的自始至终的支持。

在课题研究过程中，我们曾组织先后赴上海和江苏两地，选择中国平安保险集团和永诚财产保险公司进行实地调研。在此，我要特别感谢中国平安保险集团董事长兼首席执行官马明哲先生和他的同事为课题组调研所提供的大力支持。中国平安保险集团副首席执行官孙建一先生、副总经理王利平女士、中国平安保险集团全国后援管理中心总经理顾敏先生、中国平安资产管理公司总经理万放先生、中国平安人寿保险公司副总经理陆敏先生等出席了课题组的调研座谈会。王利平副总经理向我们详细地介绍了中国平安在综合经营方面所走过的不平凡的道路以及他们对金融综合经营的独特理解。课题组成员和公司管理层的领导围绕综合经营这个话题从理论和实践的层面进行了深入的交流。之后，我们参观考察了平安在上海张江的后援中心。同时，我还要感谢永诚财产保险公司董事长杜林先生、总经理孙元彪先生、董事会秘书何万军先生等为课题组在上海和苏州两地调研时所作的周到而细致的安排。中国平安和永诚财产保险公司为课题组提供的丰富资料和宝贵信息，使我们对金融综合经营背景下的中国保险业发展这一主题有了进一步的认识，很好地推动了课题研究的进展。

本课题研究还得到了北京大学中国保险与社会保障研究中心以及北京大学经济学院风险管理与保险学系有关师生的有力支持。研究中心副秘书长杨健女士为课题组调研做了大量组织协调工作，研究中心秘书李海燕女士为课题组做了大量烦琐的工作。在此一并致谢。

最后，我还要感谢经济科学出版社，感谢齐伟娜编辑和她的同事，他们细致高效的工作保证了本书的顺利出版。

2008 年 5 月 15 日于北大蓝旗营

目录

Contents

摘要 / 1
Executive Summary / 1

导论　金融综合经营背景下中国保险业发展的六个理念　/　1

第一部分　制度演进与理论基础

第一章　国际金融业综合经营的历史演进及经验启示　/　11
　　一、概念界定：金融综合经营的内涵　/　11
　　二、国际金融业综合经营历史演进的典型模式　/　17
　　三、国际金融业综合经营制度变迁的影响及经验启示　/　26

第二章　中国金融综合经营：历史、现状与发展趋势　/　35
　　一、中国金融综合经营的历史演进　/　35
　　二、中国金融综合经营演进的特点　/　44
　　三、中国金融综合经营的发展趋势　/　46

第三章　金融综合经营争论的理论梳理　/　54
　　一、规模经济之争　/　55
　　二、范围经济之争　/　60
　　三、风险分散之争　/　66
　　四、垄断与效率之争　/　70

五、利益冲突论 / **72**

六、监管成本论 / **77**

第二部分　模式比较与绩效评价

第四章　保险公司经营模式的比较、选择与变动 / **87**
一、保险公司经营模式的内涵 / **87**
二、保险公司不同经营模式的比较 / **89**
三、保险公司不同经营模式的选择与变动 / **94**

第五章　四种模式的经营绩效评价 / **104**
一、对四种模式经营绩效评价的说明 / **104**
二、四种经营模式下财产保险公司的经营绩效 / **107**
三、四种经营模式下人身保险公司的经营绩效 / **115**

第三部分　战略选择与环境优化

第六章　综合经营背景下中国保险业的战略选择 / **129**
一、综合经营背景下保险业应避免的认识误区 / **130**
二、综合经营背景下保险业经营的指导原则 / **133**
三、保险业未来综合经营的战略方向和实施方式 / **138**

第七章　综合经营背景下中国保险业外部环境的优化 / **144**
一、监管环境的优化 / **144**
二、法律制度的完善 / **151**
三、货币与资本市场的发展 / **157**

摘　要

世界发达国家金融业综合经营趋势日益显现，中国《国民经济和社会发展"十一五"规划》和《金融业发展和改革"十一五"规划》明确提出，要"稳步推进金融业综合经营试点"。在这样一个大环境下，如何看待和认识金融综合经营，如何把握金融综合经营背景下中国保险业的发展，对于当前和未来一段时期的中国保险业，是一个十分重要的战略问题。

本书除导论之外，分为三大部分。第一部分（第一章至第三章）是"制度演进与理论基础"，对世界与中国的金融综合经营的历史、现状和理论争论进行系统梳理。第二部分（第四章、第五章）是"模式比较与绩效评价"，对中国保险市场上若干典型经营模式的比较、选择和绩效评价进行深入分析。第三部分（第六章、第七章）是"战略选择与环境优化"，对综合经营背景下中国保险业的战略选择和外部环境优化进行探讨。

导论。在金融综合经营的大背景下，我们支持保险业进行金融综合经营的探索和试点，但是我们强调在保险业的发展过程中，在保险业探索金融综合经营的过程中，需要从市场、企业、法律、监管等方面把握一些重要的理念，以免发生偏差。我们提出六个基本理念，它们是：（1）金融市场的主流经营模式应取决于消费者的主流需求；（2）企业选择应取决于交易成本与适度规模边界；（3）金融保险"集团"的核心功能应是"资源整合"；（4）法律政策的重点应是协调相关各方利益；（5）应当建立健全"分业监管基础上的监管协调"机制；（6）保险业应当更加强调"风险管理话语权"。

第一章"国际金融业综合经营的历史演进及经验启示"。本章首先从金融综合经营的经营范围和实现形式这两个方面阐述了金融综合经营的内涵，明确了本书所界定的综合经营是指金融机构通过企业组织形式创新来实现金融业跨业经营的一种经营制度。其次，从国际金融综合经营的演进历史中，归纳了金融综合经营制度演进的四种典型模式，并结合代表国家的发展实例，详细分析和比较了这四种典型演进模式的成因和发展路径。最后总结了国际金融业综合经营制度变迁的影响以及它带给我们的经验启示。这些经验启示是：第一，金融自由化和金融创新是金融综合经营的直接动力；第二，金融监管成本和收益的变化是金融综合经营制度变革的直接原因；第三，在金融综合经营的演进中，市场推动模式优于政府推动模式；第四，金融综合经营的发展模式决定了金融综合经营中主流的企业组织形式；第五，金融监管的完善滞后于金融市场的发展。

第二章"中国金融综合经营：历史、现状与发展趋势"。本章从理论准备、政策法律变迁和行业发展三个方面深入分析了改革开放三十年来我国金融体系依次经历的四个不同发展阶段。从对这三十年的历史梳理中我们发现，我国的金融综合经营制度演进存在以下几个显著的特点：首先，金融综合经营的演进始终处于快速变革和发展之中；其次，金融综合经营的演进与市场经济进程基本相匹配；最后，金融综合经营的演进受到部门利益的制约。根据这些特点，并结合国际金融综合经营的发展经验，我们对我国金融综合经营的未来趋势的基本判断是：首先，金融综合经营是我国金融体系未来发展的大势所趋；其次，在未来的金融综合经营中，主流的企业组织形式是金融控股公司；最后，对金融综合经营监管的完善需要一个长期的过程。

第三章"金融综合经营争论的理论梳理"。本章从理论上总结、梳理并深入分析了金融综合经营引发的许多争论问题。其一，在金融综合经营过程中，随着金融机构的规模扩张和业务多元化，对于管理效率和经营成本存在正负两方面影响，最终能否产生规模经济和范围经济效应，取决于企业经营管理能力和适度规模、适度范围的选择。其二，综合经营一方面有利于企业原有风险的分散，另一方面也可能产生新的风险，为此必须建立有效的风险防范机制，比如，利益冲突风险需要通过建立"防火墙"制度、信息披露制度来防范和控制。其三，从对金融市场结构、效率和监管成本的影响来看，金融综合经营同样是一把"双刃剑"。为了促进市场竞争、提高市场效率，关键是要建立完善的市场准入与退出机制和市场竞争机制；在监管水平比较高、市场发展比较成熟的情形下，选择综合经营将有利于提高市场效率、降低金融监管成本；相反，则可能造成市场秩序混乱并带来潜在的金融风险。

第四章"保险公司经营模式的比较、选择与变动"。本章对保险公司的不同经营模式进行了比较和选择。分析认为，保险市场主体的经营模式可以分为专业经营、单一经营、保险集团经营以及金融控股公司等四种模式，其在规模经济、范围经济、风险分散和利益冲突等方面都具有相对优势与劣势，发挥每种优势都需要具备一定的条件，每个保险公司都应当根据自身的条件来选择适合的经营模式。在充满不确定性的经济系统中，保险公司对不同经营模式的选择，应该是在竞争机制下演进的结果，而不应由人为的政策约束来限制其选择集合的空间。专业化和多样化都是相对而言的，主要取决于每一家公司能力边界大小。保险公司要实现可持续发展，必须不断培育自身的核心能力，增加能力边界的深度，拓宽能力边界的广度。为此，保险公司要重视知识的创造、共享、转化和运用，努力将自己打造成学习型组织，增强对外界知识的吸收能力。

第五章"四种模式的经营绩效评价"。本章分别从成长能力、盈利能力和偿付能力三个方面构建了一套经营绩效评价体系，在此基础上分别对金融控股模式、保险集团模式、单一经营模式和专业经营模式四种模式下的财产保险公司和人身保险公司的经营绩效进行了比较与分析。结果表明，2006年，不论是财产保险公司，还是人身保险公司，四种经营模式都有着很好的成长能力，但是相比较而言，单一经营模式和专业经营模式的成长速度更快；在盈利能力上，金融控股模式、保险集团模式、单一经营模式和专业经营模式从高到低依次下降；而在偿付能力上，单一经营模式和专业经营模式相对更为充足。通过分析我们还发现，虽然影响保险公司经营绩效的因素比较复杂，但是就目前而言，发展阶段是影响我国各保险公司经营绩效最为重要的因素。

第六章"综合经营背景下中国保险业的战略选择"。本章对综合经营背景下中国保险业发展的若干战略问题进行探讨。分析认为，综合经营背景下保险业必须消除关于综合经营的认识误区，才能避免经营战略上的"陷阱"，正确选择专业化或者是综合化的经营战略。这些认识误区包括：过高估计范围经济效应、单纯应对股东压力、误解监管部门导向、单纯基于管理层自身考虑。在综合经营的背景下，保险业的经营应当遵循以下原则：一是以保险业务为核心，突出自身优势；二是创新产品，提升效率，强化企业综合竞争力；三是有效控制风险和稳健经营。保险公司应该根据外在环境和自身禀赋确定专业化经营或综合化经营的战略定位。对于业已采取综合经营战略的保险公司，则应根据自身保险业务性质确定采取横向综合经营还是纵向综合经营。综合经营实施方式主要包括业务合作与结盟、金融控股公司、业务扩张与整合。保险公司应根据自身条件和法规要求采取合适的综合经营实施方式。

第七章"综合经营背景下中国保险业外部环境的优化"。本章分析在金融综合经营的背景下如何优化中国保险业发展的外部环境。监管环境、法律环境和货币与资本市场所构成的市场环境是金融综合经营背景下，对中国保险业发展最重要、影响最直接、而且最具有优化可行性的外部环境。我们首先从监管理念更新、监管体制改革两个方面提出了优化保险业监管环境的政策建议；然后，在分析和借鉴市场经济发达国家金融综合经营过程中所体现的"法律至上"、"权力制约"和"保障自由"的现代法治原则的基础上，提出优化我国金融综合经营法律环境的原则和步骤；最后，从建设与完善市场体系以及实现保险企业与资本市场发展的良性互动两个方面，提出了着力优化保险业发展所依赖的货币和资本市场环境的具体思路。

Executive Summary

Integration in the financial sector has become an emerging trend in the developed countries. In the Eleventh Five-Year Plan of National Economic and Social Development of China and the Eleventh Five-Year Plan of the Development and Reform of the Financial Sector of China, it has been explicitly proposed that the industry should "steadily carry forward the experiment of financial integration". Against this backdrop, how to understand financial integration and the development of Chinese insurance industry in this context has become strategic questions of great importance to the Chinese insurance industry for the present and future.

This book is divided into three parts besides the Introduction. In the first part (Chapter 1 – 3), entitled "The Institutional Evolution and Theoretical Foundation", we provide a systematic review of the history, current status, and theoretical debates over financial integration in China and abroad. In the second part (Chapter 4 – 5), entitled "Model Comparison and Performance Evaluation", we conduct an in-depth analysis that compares, selects, and evaluates several typical models of operation in Chinese insurance market. In the third part (Chapter 6 – 7), entitled "Strategic Choice and Environment Improvement", we discuss the choice of development strategies of Chinese insurance industry as well as the improvement of the external environment for the industry.

Introduction. Against the backdrop of integration in the financial sector, we support the experiment and exploration of integration in the insurance industry. However, we emphasize that it is crucial to well understand several important rationales from the perspectives of the market, firms, laws, and regulations in the process of such experiments to avoid possible pitfalls. We propose six fundamental rationales: 1) The mainstream model of operation should be determined by the mainstream demand of consumers; 2) The choice of firms' models of operation should be determined by transaction costs and the appropriate limit of scale; 3) The core function of insurance finanial conglomerates is "to seek synergy of resources"; 4) The focus of legislations and policies should be to coordinate the interests of various stakeholders; 5) A regulatory framework should be set up that incorporates a coordination mechanism based on regulations of different lines of business; 6) More emphasis should be put on risk management in the insurance industry.

Chapter 1: The Evolution and Experiences of International Financial Integration. In this chapter we first discuss the meaning of financial integration from the perspectives of scope of business and form of implementation. Based on that, we define financial integration referred in this book as an institution aiming at conducting cross-lines-of-business operations through innovations in the organizational structures of financial organizations. We then summarize the four typical models of development of financial integration from the history and conduct a detailed comparison and analysis of the motivation and evolutionary path of these different models. Finally in this chapter we draw some implications and insights from the history of institutional transitions of international financial integration. The insights are the following. First, the liberalization and innovation in the financial sector is the direct driver of financial integration. Second, the changes of the costs and benefits of financial regulations are the direct reasons for transition of the institution of financial integration. Third, in the evolution of financial integration, the market-diven approach is superior to the government-driven approach. Fourth, the model of development of financial integration determines the mainstream organizational structure of financial conglomerates. Fifth, financial regulations lag behind the development of the financial market.

Chapter 2: Financial Integration in China: History, Current Status, and Prospect of Development. In this chapter, we conduct an in-depth analysis of the four stages of the development of Chinese financial system during the past three decades from three aspects: theoretical preparations, changes of laws and regulations, and the development of the industry. From the review of the history of the past thirty years, we find that the evolution of the institution of Chinese financial integration has several prominent features. First, such institution was in a process of constant and rapid change and development. Second, the development of financial integration in China generally matched the process of marketization of the economy. Third, the development of financial integration was constrained by various sectarian interests. Based on these features and the international experiences, we form the following general judgments concerning the future prospects of Chinese financial integration. First, integration is an inevitable trend of Chinese financial sector. Second, the mainstream form of organization for future financial conglomerates is financial holding companies. Finally, it will be a long process before conglomerate-relevant regulations will be improved and perfected.

Chapter 3: A Theoretical Review of Debates on Financial Integration. In this chapter, we summarize, scrutinize and analyze many debates brought by financial integration. First, the expansion of scale and the diversification of business have both a positive and a negative impact on the managerial efficiency and operational costs of a firm. Managerial skills and the choice of an appropriate scale and scope determine whether economies of scale and scope can be realized. Second, while integration may allow a firm to diversify its extant risks, it may also give rise to new risks. As a result, an effective mechanism of risk control should be established. For example, a "firewall" and an information disclosure system should be set up to control the risks associated with conflicts of interests. Third, financial integration is also a double-edged sword in terms of its impact on the structure of the financial market, efficiency, and costs of regulations. The key to promote market competition and to enhance market efficiency is to improve the mechanism of market entry and exit, as well as a mechanism of competiton. In a mature market with effective regulations, integration will enhance market efficiency and lower the regulation costs. Otherwise, it may cause disorder of the market and give rise to potential financial risks.

Chapter 4: The Comparison, Choice and Change of the Operational Models of Insurance Companies. In this chapter we compare different operational models of insurance companies. It is suggested that the operational models taken by the insurance market participants can be put into four categories: specialization, single line of business, insurance group, and financial holding company. These models have their relative advantages and disadvantages in terms of economies of scale, economies of scope, diversification of risks, and conflicts of interests. The realization of each advantage associated with these models requires certain conditions, and insurance companies should choose the appropriate operational model according to their specific conditions. In an economic system full of uncertainties, such choice should be a result of market competition instead of being constrained by regulatory policies. Specialization and diversification are both relative notions, which are determined by the capability boundaries of a firm. To have sustained development, an insurance company has to continuously nurture its core capability, enhance the depth and expand the width of its capability boundary. To this end, insurance companies should put emphasis on the creation, sharing, conversion, and use of knowledge, and turn the company into a learning-oriented organization with strong absorbing capacity.

Chapter 5: Performance Evaluation of Four Operational Models. In this chapter, we construct a framework of performance evaluation based on growth capacity, profitability and solvency, and by which we compare the performances of the four operational models: specialization, single line of business, insurance group, and financial holding company. Our analysis shows that in 2006 firms of all four operational models had good growth capacities, which is true for both property and life insurance companies. Comparatively, however, firms of single business line and of specialization showed higher rates of growth. In terms of profitability, financial holding companies, insurance groups, firms of single line of business, and specialized companies followed a descending order in performance. Finally, in terms of solvency, firms of single business line and specialized firms showed better solvency. We also find that, although the factors that affect the performance of insurance companies are complicated, the stage of development is the single most important one among all the factors for the present.

Chapter 6: Strategic Choice of Chinese Insurance Industry in the Context of Integration. In this chapter we discuss several strategic issues related to the development of Chinese insurance industry against the backdrop of integration. Our analysis shows that, to avoid the pitfalls of stratergy choice – whether it's specialization or integration – the industry must clarify several misperceptions concerning integration. These include the overestimation of economies of scope, overreaction to pressures from stockholders, misunderstanding of regulatory guidelines, and overconsideration of the management's interest. In the context of integration, the management of the insurance industry should follow the following principles. First, keep insurance as the core business and put emphasis on one's own advantages. Second, conduct product innovation, enhance efficiency, and improve overall competitiveness. Third, conduct effective risk control and ensure robust operations. Insurance companies should choose their strategic positions between specialization and integration according to the external environment and ones' own endowment. For those who have already taken a strategy of integration, decisions of horizontal or vertical integration should be made according to the nature of business. Such strategies can be implemented through forming cooperatives and alliances, establishing financial holding companies, and the expansion and consolidation of businesses. These ways of implementation should be chosen based on firm's own conditions and under the relevant legislations and regulations.

Chapter 7: Improving the External Environment of Chinese Insurance Industry in the Context of Integration. In this chapter we discuss how to improve the external environment of Chinese insurance industry in the context of integration. Regulatory environment, legal environment, and monetary and capital market environment are the ones that are most likely to be subject to improvement and, at the same time, the ones that have the most important and direct impact on the development of the insurance industry. We first propose some policy suggestions from the perspectives of upgrading regulation rationales and reforming regulation mechanisms. We then propose the principles and steps for improving the legal environment for financial integration, based on the general principles of "superiority of laws", "check and balance of power" and "protection of freedom". Finally, we suggest some specific ideas on the improvement of monetary and capital market environment from the angles of constructing and improving the market system and of realizing the positive interactions between insurance firms and the development of the capital market.

导论 金融综合经营背景下中国保险业发展的六个理念

世界发达国家金融业综合经营趋势日益显现，中国《国民经济和社会发展"十一五"规划》和《金融业发展和改革"十一五"规划》明确提出，要"稳步推进金融业综合经营试点"。在这样一个大环境下，如何看待和认识金融综合经营，如何把握金融综合经营背景下中国保险业的发展，对于当前和未来一段时期的中国保险业，是一个十分重要的战略问题。在此，我们提出六个基本理念，它们是：

- 金融市场的主流经营模式应取决于消费者的主流需求；
- 企业选择应取决于交易成本与适度规模边界；
- 金融保险"集团"的核心功能应是"资源整合"；
- 法律政策的重点应是协调相关各方利益；
- 应当建立健全"分业监管基础上的监管协调"机制；
- 保险业应当更加强调"风险管理话语权"。

一、金融市场的主流经营模式应取决于消费者的主流需求

金融市场的经营模式多种多样，既有分业经营，又有综合经营，不同经营模式各有利弊，但其主流经营模式应当取决于消费者的主流需求。不能简单照搬国际经验，而应考虑中国的经济发展阶段。

为什么金融市场的主流经营模式取决于消费者的主流需求？我们认为，经营模式本质上是供给方的组织模式，供给取决于需求，而且，金融业属于典型的服务业，金融业的发展建立在满足消费者需求的基础上，市场经营模式只是一个外在表现，其本质还是取决于消费者的需求。如果市场上消费者的主流需求是较为综合的金融产品和服务，是"一站购买"，那么金融市场的主流经营模式就应当是"百货"式的综合经营模式；如果市场上消费者的主流需求是较为单一的金融产品和服务，如单一的银行产品、证券产品或保险产品，那么金融市场的主流经营模式就应当是"专卖"式的分业经营模式。总之，只有将满足消费者主流需求的经营模式作为金融市场的主流模式，市场才有效率，才能更好地为国民经济和社会发展服务，金融业也才能有更好的发展。

当前中国金融市场的现实是，区域结构和业务结构长期不均衡，城乡金融发展差距大，在农村地区、中小城市和大城市中的中低收入阶层，存在大量金融消费需求未能得到有效满足的现象，在这样的背景下，我们可以判断中国金融市场消费者的主流需求是较为单一的金融产品和服务，而不是"一站式"的金融服务。因此，满足消费者主流需求的主要思路应是推动纵向的金融深化发展，而不应是推行横向的金融规模扩张；应是推动金融业中的每一个子行业（包括银行、证券、保险等）改进产品和服务，提高经营管理效率，更好地满足消费者需求，而不应是求大求全，以进入世界500强为主要目标。因此，相对于中国目前这样一个经济和金融发展阶段而言，金融市场的主流经营模式应该是分业经营，而不是综合经营，当然，这并不排斥部分地区和部分企业的综合经营的试点和探索。

认识"金融市场的主流经营模式取决于消费者的主流需求"的意义在于：第一，要尊重内在规律。金融市场的主流经营模式选择有其内在规律，如果政府或公司的决策违背这一规律，那么未来将受到惩罚。第二，要认清国际趋势。在许多情况下，所谓的"国际趋势"实际上是国际发达市场的发展趋势，而不是真正意义上的国际趋势。第三，要立足中国现实。中国目前还处于市场经济发展的初级阶段，仍是一个典型的发展中国家，在讨论金融保险市场的主流经营模式选择时，不能简单照搬国际经验，而必须充分考虑中国经济和金融发展所处的阶段，只有这样才能找到合理的发展对策。

二、企业选择应取决于交易成本与适度规模边界

对于金融市场中的企业，它们究竟是选择综合经营还是分业经营，应当主要取决于交易成本以及由此决定的企业适度规模边界。

为什么企业选择取决于交易成本与适度规模边界呢？我们认为，判断企业选择得当与否不仅需要建立在"成本—收益比较"的基础上，而且需要建立在"成本—成本比较"的基础上。也就是说，即使企业选择拓展某项业务或流程的收益大于成本，也需要比较采取何种方式来拓展这一业务或流程更节约成本，更有效率。如果企业内部管理成本高于市场交易成本，那么应当选择不扩大企业规模，而将新增业务或流程交由市场完成；如果企业内部管理成本低于市场交易成本，那么应当选择扩大企业规模，由企业替代市场完成新增业务或流程。比如，保险公司欲拓展银保业务，究竟应当选择通过建立自己的银行来发展，还是选择通过与现有银行的市场合作来发展？这就需要比较企业内部管理成本与市场交易成本的高低了。如果市场交易成本高，那么应当选择建立自己的银行，即采取综合经营的方式；如果企业内部管理成本高，那么应当选择与现有银行合作，即仍保持原有的分业经营的状态。

当前中国金融市场中的企业有一个较为明显的倾向，即不论条件是否符合，都希望发展综合经营，认为企业规模越大越好。其实，这是一个认识的误区和危险的倾向，因为每个企业是有其适度规模的，如果超出适度规模，将适得其反。一方面，同一个企业在不同时期面临着不同的交易成本和适度规模边界。在市场竞争相对温和的时期，市场交易成本相对较低，选择由市场替代企业（如保持原有的分业经营）相对更加有利；在市场竞争相对激烈的时期，市场交易成本相对较高，选择由企业替代市场（如采取综合经营）相对更加可行。另一方面，同一个时期的不同企业也面临着不同的交易成本和适度规模边界。有些企业内部管理较有效率，成本较低，适合选择由企业替代市场（如采取综合经营）的模式；有些企业内部管理效率较低，成本较高，则适合选择由市场替代企业（如保持原有的分业经营）的模式。

认识"企业选择取决于交易成本与适度规模边界"的意义在于，它提供了一个很好的理论判别标准，即交易成本与适度规模边界的标准。企业应当根据这一标准来选择综合经营或分业经营，并不是所有企业都适合选择综合经营的方式。一方面，市场竞争状况是影响企业选择的重要因素，企业应

当根据当前以及未来市场竞争的走势作出自己关于综合经营和分业经营的选择。另一方面，企业内部管理也是影响企业选择的重要因素，如果企业内部管理效率较低、成本较高，那么企业在选择采取综合经营时就需要特别谨慎。

三、金融保险"集团"的核心功能应是"资源整合"

前文提到，考虑金融市场上消费者的主流需求以及金融企业的具体情况，金融保险企业未必都适合选择综合经营和建立金融保险集团。退一步说，如果金融保险企业选择组建集团，那么该"集团"的核心功能应是"资源整合"，而不应是简单的资本和行政纽带，不应为集团而组建集团。

为什么金融保险"集团"的核心功能应是"资源整合"呢？我们认为，这关系到一个重要问题，即为什么要组建集团？组建金融保险集团的主要理由是，市场上有消费者具有对综合的金融产品和服务的需求，组建集团更有利于为这类消费者提供高质量的金融服务。可见，更好地满足消费者的需求是组建金融保险集团的主要目标。那么，怎样才能更好地实现这一目标呢？我们认为，应当超越简单的集团框架的搭建，超越简单意义的"前台"综合销售，而要进行真正意义的"后台"资源整合，进行系统性的核心流程再造，只有这样，才能提高运营效率，保证服务品质，才能更好地满足消费者对于综合的金融产品和服务的需求。如果不能进行有效的资源整合，而仅将保险、银行、证券等子公司纳入一个金融保险集团旗下，集团本身仅仅扮演简单的资本和行政纽带角色，那么"集团"的意义就被曲解、至少被大打折扣了。

当前中国金融保险企业的"集团化"热度很高，颇有"不建立集团，就不像现代金融企业"的感觉。但是，一个不能进行有效的资源整合的集团，即使拥有"集团"的头衔，也不是一个真正意义的集团。在当前"唯集团至上"的氛围下，考虑到产权改革过程中部分公司决策的非理性动机和倾向以及政府对金融保险集团的监管经验尚比较缺乏，监管部门可以适当把握集团审批的节奏，以便更好地履行监管职责，更好地保护消费者的利益。

认识"金融保险集团的核心功能应是资源整合"的意义在于，它可以提供检验标准，避免一哄而上。"能否进行有效的资源整合"是检验是否有必要建立集团的重要标准，如果达不到这一标准，那么从长期看必将给整个集团带来负面影响。因此，不论是金融保险企业，还是相关的监管部门，在决策判断时都应注意遵循这一检验标准。

四、法律政策的重点应是协调相关各方利益

法律政策应当给予市场主体更大的自主选择空间，并注重协调相关各方利益，包括不同金融机构之间、大小公司之间、公司与消费者之间的利益。

首先，法律政策的重点不应是替代金融市场中的微观主体即企业进行决策，而应当给予这些市场主体更大的自主选择空间，否则容易产生寻租行为。其次，作为居于超然地位的中立者，法律政策应当关注如何协调相关各方的利益，因为从某种意义上说，法律政策的本质即在于协调各种有冲突的关系。在金融综合经营领域，有可能产生多种类型的利益冲突，比如在银行、证券、保险等不同金融机构之间，在规模较大和规模较小的公司之间，在公司与消费者之间，都有可能存在不同程度的利益冲突。而如何协调这些利益冲突，正应是作为中立者的法律政策的重点。

当前中国金融综合经营领域的很多改革都建立在"一事一议"的基础上，政府行政决策容易产生偏向，因此需要特别强调法律政策的重点是协调相关各方利益。比如，在银行、证券、保险等不同金融机构争取综合经营方面，法律政策应当强调平衡，不能对不同金融机构给予不同待遇；在同一金融集团之下的银行、证券、保险等不同子公司之间，法律政策应当强调设立"防火墙"，阻断"利益输送"的渠道；在大小公司之间，法律政策应当避免"嫌小爱大"，比如只要偿付能力充足，财务稳健，允许大公司投资的项目就应当也允许小公司投资，而如果偿付能力不足，财务不稳健，那么即使规模再大的公司也应当严格限制；在公司与消费者之间，法律政策应当在公平合理的前提下，强调对消费者利益的保护，因为金融综合经营的强势性与复杂性很可能会对消费者权益带来一定的不利影响。

认识"法律政策的重点应是协调相关各方利益"的意义在于：第一，避免越俎代庖。法律政策不应去限制或束缚市场上微观主体的合理选择。第二，明确工作方向。利益冲突不易协调，只有通过法律政策才能较好地解决，如果该管的不管或没有管好，也是一种失职。

五、应当建立健全"分业监管基础上的监管协调"机制

对于当前中国的金融监管，究竟应当采取分业监管还是"大部制"的综合监管，存在不同意见。我们认为，当前的可行之策应是建立健全"分业监管基础上的监管协调"机制。分业监管，即银行、证券、保险分别对应不同的政府监管机构；监管协调，即三大金融监管机构之间，以及三大监管机构与中国人民银行等相关部门之间建立健全实质长效的协调机制。

为什么应当建立健全监管协调机制？这个道理比较简单，因为金融市场上已经出现综合经营了，为了避免监管真空和监管重复，必须强调不同金融部门监管之间的协调与合作。针对集团经营与综合经营，应特别加强偿付能力、内部交易和信息披露的监管。那么，为什么不直接采用综合监管、而仍然以"分业监管"为基础呢？我们主要基于以下三点考虑：首先，从国际经验看，分业监管和综合监管孰优孰劣并没有唯一的正确答案，不同国家有不同的监管模式。其次，从中国现实看，中国自1998年成立保监会、2003年成立银监会以来，金融分业监管实施多年，效果较好，改革必须考虑"路径依赖"的问题。最后，从行业基础的角度看，分业监管的专业化程度较高，有利于夯实行业发展基础，对于发展中国家而言，金融市场面临的突出问题是银行、证券、保险等各个金融子行业的发展基础较为薄弱，分业监管有利于解决这一问题。以保险偿付能力监管为例，1999年，中国保监会在成立后不久就提出了偿付能力监管的概念，2003年，保监会1号令颁布了《保险公司偿付能力额度及监管指标管理规定》，2007年底，保监会公布《保险公司偿付能力监管规定（征求意见稿）》，向社会公开征求意见，如果没有实行分业监管，这一系列步步深入的保险专业监管举措的出台，是难以想象的。

在当前中国，强调建立健全"分业监管基础上的监管协调"机制的意义在于：第一，有利于政策的连续和改革的稳定。保监会成立不过十年，银监会成立才五年，专业监管方面刚刚摸索出一条较为有效的路径，在这个时候，如果欲改专业监管为综合监管，则必须进行改革的成本—收益分析，如果改革效果不明确，则应当特别慎重。第二，有利于市场的稳健发展。目前市场已经出现一哄而上的集团化和综合经营的倾向，如果在监管上我们立即搞综合监管，很可能给市场传递错误信号，误读为政府鼓励大干快上，鼓励集团化和综合经

营。我们认为，在金融企业的产权、公司治理等诸多关键问题尚未妥善解决之前，应当先将专业做精，然后再谈如何搞集团化、如何搞综合经营的问题，只有这样，才能有利于市场的稳健发展。市场发展必须遵循这一规律，政府监管也必须遵循这一规律。

六、保险业应当更加强调"风险管理话语权"

应当正确认识保险业在经济社会中的角色定位，我们认为，保险业在经济社会中的话语权更多地不是表现为"金融话语权"，而是表现为"风险管理话语权"。

为什么保险业应当更加强调"风险管理话语权"而不是"金融话语权"呢？主要基于以下两个方面的考虑：首先，这是由保险业的功能和作用决定的。保险业的核心功能是经济补偿和风险保障，即使保险业做大做强，甚至资产超过银行业和证券业，其金融话语权也是相对有限的，因为相较而言，银行业和证券业是较为纯粹的金融业，银行利率的调整和证券市场的波动可能影响千家万户，而保险业的金融功能是衍生功能，其金融影响力通常不及银行业和证券业。其次，虽然金融话语权不是保险业的强项，但是保险业的"风险管理话语权"却是独特而重要的。2006年《国务院关于保险业改革发展的若干意见》提出，"保险是市场经济条件下风险管理的基本手段，是金融体系和社会保障体系的重要组成部分，在社会主义和谐社会建设中具有重要作用"。计划经济条件下的风险管理，我们主要依靠政府；而市场经济条件下的风险管理，我们则主要应当依靠市场特别是商业保险的力量了。实际上，在巨灾发生之后，主要是依靠政府财政救济还是依靠保险补偿进行损失管理，是判断一国市场经济发展是否完善的重要标志。

在当前中国，特别在金融综合经营的大背景下，强调保险业的"风险管理话语权"的意义在于：第一，有利于保险业坚持正确的行业发展方向。保险业不必与银行业、证券业比资产，比规模，而应立足于在经济社会的风险管理中能够发挥多大的作用，发挥多好的效果。第二，有利于完善我国的市场经济体制。因为保险是市场经济条件下风险管理的基本手段，如果没有保险制度，市场经济体制就是不完整的；没有完善的保险制度，也就没有成熟的市场经济体制。

在金融综合经营的大背景下，我们不仅不反对、而且积极支持保险业进行金融综合经营的探索和试点，但是我们强调在保险业的发展过程中，在保险业探索金融综合经营的过程中，需要从市场、企业、法律、监管等方面把握一些重要的理念，以免发生偏差。本书后面各章将对世界与中国的金融综合经营的历史、现状和理论争论进行梳理，对中国保险市场上若干典型经营模式的比较、选择和绩效评价进行分析，并对综合经营背景下中国保险业的战略选择和外部环境优化进行探讨。

本章参考文献

1. 《国务院关于保险业改革发展的若干意见》，2006年6月。

2. 孙祁祥：《从保险赔款比例看中国市场经济体制元素的缺失》，载《中国保险报》2008年3月5日。

3. 孙祁祥、郑伟等：《经济社会发展视角下的中国保险业——评价、问题与前景》，经济科学出版社2007年版。

4. 郑伟：《"十七大"报告看待保险业的视角》，载《中国保险报》2007年10月22日。

5. 郑伟：《2007年中国保险业回眸与思考（上、下）》，载《中国保险报》2008年1月9日和11日。

第一部分

> 金融综合经营将对包括保险业在内的中国金融业的未来发展产生深远影响，并必将成为中国保险业未来发展的一个重要的市场环境与制度背景。

制度演进与理论基础

第一章 国际金融业综合经营的历史演进及经验启示

引 言

金融综合经营的浪潮已经从世界蔓延到中国，许多人在"金融综合经营是中国金融业未来发展的必然趋势"上都达成了共识。不容置疑的是，金融综合经营将对包括保险业在内的中国金融业的未来发展产生深远影响，并必将成为中国保险业未来发展的一个重要的市场环境与制度背景。然而，在金融综合经营背景下，如何为中国保险业发展选择合适的路径？这首先需要了解金融综合经营究竟是什么，它与曾经的金融混业经营和当前的金融分业经营究竟有哪些不同之处？因此，本章首先需要让读者能够对金融综合经营的概念有一个清晰的认识。

同时，鉴于金融综合经营制度在世界许多发达国家已经形成了比较成熟的模式，本章在界定了金融综合经营的基本概念后，还将结合具体国家的发展案例，介绍国际金融综合经营演进的典型模式，通过研究不同演进模式的形成原因、特点、影响和经验，以期为中国保险业的模式选择和未来发展带来有益的启示。

一、概念界定：金融综合经营的内涵

金融综合经营是近年来我国理论界、业界和监管部门讨论的一个热门话题。但目前人们对于金融综合经营的具体内涵仍缺乏统一的看法和明确的认识,因此,在本章第一部分,我们将对"金融综合经营"一词的由来及其演变作一个简要的概述,由此对本书所研究的金融综合经营的具体内涵进行界定。

(一) "综合经营" 一词的演变由来

在国内,"综合经营"这一概念第一次比较系统、准确的提出是在2005年4月26日召开的第一届"中国金融改革高层论坛"上[①],与会者一致认同了"综合经营"的说法,建议将传统的"混业经营"的说法改成"综合经营"。将"混业经营"改称"综合经营"的主要原因是:一方面,目前所倡导的综合经营是金融业内的跨行业经营,而混业经营还包括金融业与实业间的跨业经营;另一方面,综合经营是以高效的金融监管和完善的公司治理与风险管控为前提的,更能有效地指导我国未来金融业的健康发展。

在这次会议之后,国内学界、业界和监管界都逐渐开始采用"综合经营"的说法,"综合经营"逐渐成为普遍接受和认可的概念。如《中共中央关于制定国民经济和社会发展第十一个五年规划的建议》中正式提出,要"稳步推进金融业综合经营试点";《国务院关于保险业改革发展的若干意见》明确指出,要"稳步推进保险公司综合经营试点,探索保险业与银行业、证券业更广领域和更深层次的合作,提供多元化和综合性的金融保险服务"。由此可见,政府的官方文件中已经开始正式采用"综合经营"的概念。

在国外,目前并没有"金融综合经营"的统一表达方式,与目前国内所说的"综合经营"的含义相同或接近的术语主要有"Universal Banking"、"Integrated Financial Services"、"Integrated Financial Management"、"Combination of Financial Services"、"Consolidation of Financial Industry"、"Cross-Services"以及"Conversion of Financial Services Industry"等,由于以前国内通常的说法是"混业经营",所以一般都将这些术语笼统地翻译为"混业经营"。

这些术语中早期最常用的是"Universal Banking",该词在北美洲国家正式打破分业经营体制之前,一般是指德国的全能银行模式(Universal Bank);后

---

① 在这一概念正式提出之前,国内也有少量文献已采用了"综合经营"的说法,但是这些文献都没有具体论述"综合经营"与"混业经营"的区别与联系,而是将两者混同。如秦国楼(2003)就曾采用了综合经营的说法,但其一开始就说"金融业综合经营或通常所称的混业经营已成为全球性的趋势",可见并没有认识到两者内涵上的区别。

来，由于美国、英国和加拿大等国家实行金融综合经营模式后普遍采用了金融控股公司的经营模式，Universal Banking 的含义才逐步扩大到金融控股公司的经营模式。目前，该词的含义已经包含了欧洲全能银行和其他形式的金融集团经营模式，用来表达各国金融业在经营模式方面与分业经营相对应的经营模式的共性——商业银行业务、证券业务、保险业务以及其他投资性金融业务在不同程度上和不同范围内相融合，可以进行跨业经营。

现有的法律定义多从监管的角度出发，并且主要强调对综合经营实体的描述上。例如，由巴塞尔委员会、国际证券委员会组织（IOSCO）和国际保险业监管协会（IBIS）成立的金融集团联合论坛（The Joint Forum on Financial Conglomerates）使用了"Financial Conglomerates"（多元化金融集团）这一术语来描述应受监管的混业实体，即"主要从事金融业务，并至少明显地从事银行、证券、保险中的两种或两种以上的经营活动的诸公司集团"。2004年欧盟《关于多元化金融集团内部信用机构、保险机构和投资银行补充监管的指引》也使用了同样的术语来描述开展金融混业的主体①。

除此之外，通常用来形容与分业经营"Separated Operation"（或者"Separated Management"）中的"Separated"相对应的术语是"Integrated"，由此衍生出来了"Integrated Financial Services"和"Integrated Financial Management"等词汇，用来表达金融综合经营的含义。而其他词汇，如"Combination of Financial Services"、"Consolidation of Financial Industry"、"Cross-Services"等则出现得很少②。

（二）本书对金融综合经营内涵的界定

从本质上来讲，金融综合经营是指与分业经营相对立的、允许金融业内各个行业之间跨业经营的一种经营制度。但是，由于综合经营的概念在国内提出时间不长，并且综合经营本身又涉及不同的讨论情形、实现形式和经营模式，导致目前对于综合经营的外延存在多种理解和解释。因此，有必要对本书研究的综合经营的外延进行一个准确界定。

---

① 陈振福：《论对金融混业经营中利益冲突的法律规制》，对外经济贸易大学博士学位论文，2005年，第9页。

② 肖春海：《金融混业经营条件下的金融监管》，中国财政经济出版社2003年版，第20页。

另外，从文献检索情况来看，"Universal Banking"出现的频率最高，"Integrated Financial Services"和"Integrated Financial Management"的频率次之，而其他词汇检索到的文献则很少。

1. 综合经营范围的界定

（1）综合经营讨论中所涉及的三种情形。

目前，人们关于综合经营的讨论中涉及综合经营范围时一般指以下三种情形：某一金融行业内的综合经营；金融业内的综合经营；传统意义上的混业经营。

某一金融行业内的综合经营是指银行、证券、保险、信托等金融行业内部的综合经营，即某一金融行业内的金融机构可以经营属于这一行业内的所有业务。如银行可以经营所有属于银行业务范畴内的业务，保险公司可以经营所有保险业务。以保险业为例，保险业内的综合经营是指某一保险公司可以直接或者通过成立控股公司（或集团公司）的形式同时经营寿险、非寿险、再保险、中介业务等保险业务。

金融业内的综合经营是指银行、证券、保险和信托等金融行业之间可以跨业经营的金融制度，即某一金融机构可以直接、控股或设立子公司的形式同时经营银行、证券、保险和信托等金融业务。当然，金融业内的综合经营本身也存在不同的层次，既可能是部分业务的综合经营，也可能是全部业务的综合经营。如美国在1999年的《金融服务现代法》颁布以前，银行业与证券业、保险业等都是分离的，但是银行业一直可以经营信托业，不过整体来说，一般认为美国实行的是分业经营制度[①]。由此可见，金融业内的综合经营也存在内涵上界定的问题。

如果将跨业经营的范围扩大到金融业范畴之外，则一般称之为金融业与实业（或工商业）的混业经营，即传统意义上的混业经营。例如，日本在1993年以前虽然实行的是分业经营制度，银行业、证券业与保险业实行分离，但是银行与工商业之间仍存在紧密联系，银行经常参股企业的经营。我国20世纪90年代初期实行的混业经营制度，不仅允许商业银行参与证券投资、保险等业务，还允许商业银行经营房地产投资等业务。而且，目前我国仍存在以实业为主业控股不同金融企业的企业集团（或金融集团）。

（2）本书对金融综合经营范围的界定。

根据上面的定义及本书的研究目的和研究背景，我们将所研究的综合经营的范围界定为第二种情形，即金融业内的综合经营。也就是说，我们将允许银行业、证券业、保险业和信托业等各金融行业之间进行跨业经营的金融制度称

---

① 王青锋（2006）根据这种情况将金融业分业经营的概念划分为狭义上的金融业分业经营与广义上的金融业分业经营。其中，狭义上的分业经营是指对银行、证券、保险、信托等金融业实行机构分别单独设立，业务严格的分离，金融各业仅局限在本业范围内进行经营，严格通过相互交叉方式进入对方业务领域；而广义上的金融业分业经营模式是指商业银行业务与部分非商业银行业务的分离。

为金融综合经营。

2. 综合经营实现形式的界定

（1）综合经营讨论中涉及的三种形式。

目前，人们关于综合经营实现形式的讨论中一般涉及以下三种形式：产品层面的综合经营、营销渠道层面的综合经营和组织层面的综合经营。

产品层面的综合经营是指各类金融机构在法律规定的范围内通过金融产品创新渗透到其他金融机构业务、参与其他金融机构的业务经营和竞争以扩大业务经营范围，实现其综合经营目的的一种综合经营方式。例如，保险业通过开发投连险、万能险等投资型产品以经营证券投资型业务，构成与基金公司、证券公司等投资业务的竞争；而通过开发具有储蓄性的保障类产品，可以分流部分银行储蓄，构成对银行储蓄业务的竞争，这些都是保险业通过产品形式实现综合经营的途径。

营销渠道层面的综合经营是指各类金融机构通过相互合作，共建、共用或者共同成立专门机构来销售其产品，以实现其销售功能上综合经营的一种综合经营方式。其中最为典型的是银行保险。保险公司可以利用银行现有的庞大的营业网点来为其销售保险产品，由此降低营销成本，享受综合经营带来的好处；而银行业可以通过代理销售保险产品获得可观的非主营业务收入。另外，银行代理销售基金产品也是一种重要的营销渠道形式上的综合经营。

组织层面的综合经营是各类金融机构通过在内部设立职能部门、或以股权形式参股、控股或直接设立子公司的形式来经营其他金融业务以实现综合经营的一种综合经营方式。这种综合经营方式包括两种最具典型特征的模式：全能银行模式和金融控股公司模式。全能银行模式是指以某一金融机构为主体，通过下设的部门同时经营储蓄、保险和证券投资等业务的综合经营模式[1]；而金融控股公司模式是指通过成立金融集团或金融控股公司，在同一金融集团或金融控股公司下设立不同的独立的金融机构以分别经营相应的金融业务的综合经营模式。

---

[1] 狭义上的全能银行模式特指德国的全能银行模式，即以商业银行为机构主体，通过其下设的部门同时经营储蓄、证券投资、保险以及信托等各种金融业务。这里全能银行模式的定义是对德国全能银行模式在内涵和本质上的延伸，即不限定其必须以商业银行为机构主体，只要是以某一金融机构为主体，通过其内部设立的经营部门来经营各类金融业务，我们就统称其为全能银行模式，如果按照主体的不同来对其进行具体划分与区别，可以划分为"全能保险模式"、"全能证券模式"等。

(2) 本书对金融综合经营实现形式的界定。

根据本书的研究目的和研究背景，我们将金融综合经营的内涵界定为组织层面的综合经营①。

（三）综合经营与混业经营的联系与区别

长期以来，国内普遍采用"混业经营"一词来表达与分业经营相对立的一种金融业经营制度，这说明综合经营与混业经营有着密切的联系，但实际上，它们之间也存在着明显的区别。

1. 两者的联系

综合经营与混业经营两者之间的联系主要表现在：无论是综合经营还是混业经营，它们所要表达的含义都是与分业经营相对立的金融业经营制度，即允许银行、保险、证券等金融行业之间跨业经营。

2. 两者的区别

（1）综合经营与混业经营的范围不同。综合经营的范围比较小，只限于金融业，一般不包括实业。

（2）综合经营是混业经营的高级阶段。综合经营与混业经营的区别不仅仅表现在允许跨业的范围不同，更重要的是两者的内涵和本质存在巨大差别。混业经营用来形容在金融业发展的初级阶段各行业之间跨业经营的状况，这个阶段的跨业经营通常是一种简单的、盲目的、低层次业务上的混合，具有两个典型的特征：一是业务的混合，二是管理的混乱，而不是追求和强调跨业经营所带来的协同效应和范围经济效应。虽然世界各国金融业经营体制都普遍经历了"混业经营—分业经营—综合经营"这样一个过程，但是，世界金融业混业经营制度的回归并不是一种简单的回归，而是金融市场从简单的自由竞争向更高层次的自由竞争的回归。②目前世界各国的综合经营制度是强调以有效的金融监管、完善的公司内部治理和风险管控为基础和前提条件下的金融业务融合，是金融业发展的高级阶段，综合经营的概念可以更贴切地形容当前世界各国金融业的综合发展态势。

---

① 但是，对于这个层面的具体综合经营模式，本书不做具体限定，因为采取何种综合经营的模式本身就是本书的一个重要研究内容。

② 徐军：《国际金融业混业经营趋势研究及其启示》，南京师范大学硕士学位论文，2003年。

（3）混业经营的说法容易产生负面影响。由于20世纪90年代初期我国曾实行混业经营制度，当时中国经济持续高涨，国有专业银行纷纷通过全资拥有或控股、参股证券公司、保险公司、信托公司进而参与了证券投资、保险、信托投资、房地产投资等非银行业务，不仅业务上比较混乱，管理上也比较混乱，造成了我国金融秩序的混乱。为此我国后来逐步实行金融业经营制度改革，推行分业经营制度。目前，如果再重提混业经营，容易使人们联想到我国以前的混业经营体制，片面强调放松业务限制，忽视对金融业实行有效的监管，使中国金融业发展再次陷于一种盲目的简单的混业状态，而忽略追求银行、证券、保险、信托等业务之间的协同效应，从而酝酿出巨大的金融风险。因此，"混业经营"的说法不适合用来指导中国金融业未来的发展。

综上所述，本书所研究的金融综合经营是指金融业内的综合经营，即银行业、证券业、保险业和信托业等金融各行业之间可以跨业经营的金融制度；同时，本书所研究的综合经营是指组织层面的综合经营，即各类金融机构通过在内部设立职能部门、或者股权形式参股、控股或直接设立子公司的形式来经营其他金融业务以实现综合经营的一种综合经营方式。

金融综合经营与混业经营的联系主要在于两者都是与分业经营相对立的一种经营制度，允许跨业经营。两者的主要区别在于：综合经营仅指金融业内的跨业经营，而不包括金融业与实业之间的跨业；综合经营强调以有效的金融监管、完善的公司内部治理和风险管控为基础和前提，是混业经营的高级阶段。因而，综合经营的提法更有利于指导我国金融业的健康发展。

二、国际金融业综合经营历史演进的典型模式

世界各国金融业综合经营的发展在发展动因、路径和影响等许多方面都呈现出一些共性和区别。为了能够更好地从历史的角度总结出各国金融综合经营发展中的共性和区别，本章以制度变迁的驱动力为标准，将世界各国金融综合经营的历史演进模式划分为市场推动型和政府推动型两种基本类型。其中美国和英国的金融综合经营制度发展都是典型的市场推动型模式，但由于两国所采取的监管模式不同，使得两国金融综合经营的历史演进路径又不尽相同。鉴于此，本章进一步把市场推动型模式细分为严格监管制度下的市场推动型模式和宽松监管制度下的市场推动型模式。日本、韩国和中国台湾等东亚国家和地区

金融综合经营制度发展是典型的政府推动型模式，本章选择日本作为政府推动型模式的代表国家进行分析。当然，欧洲大陆国家如德国、法国等所采取的全能银行制度也是国际金融综合经营发展中的一种典型模式，在这些国家中又以德国的全能银行制度特点最为鲜明，因此，本章选择德国为这一模式的代表进行分析。以上概括的这四种模式基本上涵盖了世界大部分国家金融综合经营的发展类型，通过深入分析这四种模式的制度演进历程及其形成原因，我们希望总结出世界金融综合经营的经验和对中国的启示。

（一）宽松监管的市场推动型模式——以英国为例

1. 英国金融综合经营的历史演进

英国一直是世界的金融强国，其金融机构的规模和实力在全世界举足轻重，金融发展水平也一直处于领先位置。而且，更重要的是，当前席卷全球的金融综合经营浪潮就源自英国。因此，考察英国金融综合经营的演进过程能够为中国金融综合经营的发展和选择带来许多有益的经验和启示。

英国的金融系统在20世纪80年代以前实行的是分业经营和分业监管，不同金融部门的机构分工明确、界限清楚。但是与美国和日本等国家不同的是，它的金融监管并不十分严格，其中有关分业经营的法例条文较少，而且监管方式也是以行业自律和道义劝说为主。这种相对宽松的监管方式为英国的金融体系在20世纪80年代引领世界金融发展潮流，走向金融综合经营提供了适宜的条件。

这是因为，第二次世界大战以后，尤其是20世纪60～70年代，世界经济强劲复苏、科技高速发展，大众对金融产品的消费增长迅猛，促使世界金融创新不断涌现，英国相对宽松的金融监管制度为金融创新提供了一个合适的温床。许多新的金融产品在英国诞生，许多新的金融机构在英国成立。这些金融创新不断突破传统分业经营制度的界限，进入分业监管的盲点，给金融监管部门带来了很大的压力，也由此对分业经营制度提出了挑战。于是，在20世纪70年代末到90年代末，英国政府为了适应市场发展的需要，陆续颁布了《1979年银行法》、《金融服务法》、《1987年银行法》和《英格兰银行法》[①]，并于1997年成立了统一的金融监管机构——金融服务监管局（FSA）。这些法令的颁布废除了大

---

① 英国《金融服务法》于1986年颁布，《英格兰银行法》于1998年颁布。其中，1986年《金融服务法》的颁布以及随之而来的金融改革被称为英国金融"大爆炸"。

量的金融管制，金融机构也被允许提供各种综合性金融服务，由此极大地推动了金融服务的自由化，摧毁了曾经的金融分业经营制度，并确立了金融综合经营的制度。自此，英国金融市场走向了银行、保险和证券公司之间的大融合。[1]

2. 英国金融综合经营历史演进的特点——宽松监管制度下的市场推动

英国金融综合经营的历史演进中的主要特点是宽松监管制度背景下的市场推动变革。这种特征产生的原因，首先是因为英国的资本主义市场经济发展长期以来都以"市场自由配置资源"的重商主义思想为指导[2]，而且历来崇尚自由竞争的市场经济体制。同时，英国作为"绅士风度"的发源地，在文化上对个人的道德要求很高，行业自律水平也相应较高。从英国和美国金融监管部门对执法的人力投入看，美国证监会聘用了1 200多名全职律师，而英国金管局只有区区几名法律人员。在英国，监管机构更强调通过谈判达成和解[3]，从而避免正式的执法行动。

正是这种宽松的金融监管环境，使得金融创新活动更加活跃。在金融业务方面，20世纪50年代，英国就出现了由银行提供的分期付款和融资租赁服务；60年代又出现了出口信贷融资方式；70年代出现了转期信贷和银团贷款等；80～90年代更是出现了具有银行贷款和证券筹资性质的票据发行融资方式。[4] 在金融机构方面，由于金融创新的不断发展，金融业务之间的界限也开始模糊，如住房贷款协会银行化、保险公司和一些大型的工商集团涉足零售银行业务等。同时，外国金融机构也大量涌入英国金融市场。结果是，曾经的金融监管部门与金融机构之间稳定的以"道义"为主的监管关系被打破，曾经的分业管理形式也不再适应市场的创新和发展。英国政府和监管部门为了适应市场需要、规避市场风险对金融综合经营进行开放，维护并推动了金融创新和市场发展。

综观世界金融综合经营发展的历史，可以发现，这种宽松监管制度下的市场推动的金融综合经营发展模式在加拿大和澳大利亚等英联邦国家中也表现得十分明显。

---

[1] 目前，英国的巴克莱集团、汇丰集团和渣打集团等金融控股集团，其业务基本上涵盖了银行、证券、保险、信托等各个金融业务领域。

[2] 孙祁祥、郑伟等：《经济社会发展视角下的中国保险业——评价、问题与前景》，经济科学出版社2007年版。

[3] 英国的金融监管是以道义监管和行业自律相结合。

[4] 张立洲：《走向混业经营之路——金融创新、金融结构与经营体制变迁研究》，中国金融出版社2003年版。

(二) 严格监管的市场推动型模式——以美国为例

1. 美国金融综合经营的历史演进

美国的金融综合经营的演进经历了比较明显的从混业经营制度转变为分业经营制度，然后又发展成为金融综合经营制度的过程。在20世纪30年代以前，美国的法律没有规定是分业还是混业经营。美国的金融企业为了追求规模经济和范围经济，不断进入其他部门的业务领域，形成了典型的混业经营模式。

但是，1929～1933年的金融危机对美国的经济造成了严重的打击，美国理论界认为金融混业经营体制是造成这次金融危机的罪魁祸首。为此，美国政府开始考虑通过立法来改变当时的金融体制，并最终在20世纪30年代陆续通过了《格拉斯—斯蒂格尔法案》、《1934年证券交易法》、《投资公司法》等一系列法案。在这些法案中，明确规定了商业银行不得从事投资银行业务、银行不得从事非银行业务等强制性的限制条款，可以说，这些法案的诞生及随后几十年不断出现的修正案奠定了美国金融业分业经营制度和严格监管制度的基础。

分业经营制度的形成对美国随后几十年金融制度的稳健发展起到了极大的保障作用。但与此同时，也使金融各行业之间彼此相互渗透，追求更高收益率的愿望无法实现。到20世纪70～80年代，美国分业经营制度的局限性逐渐显露出来。在国际竞争中，欧洲大型金融集团的金融综合经营模式使得美国金融企业的竞争优势不断削减。在国内市场中，一方面，消费者对金融产品的消费需求不断提高，单一的专业化的金融产品逐渐不能满足消费者对金融产品日益增长的需求；另一方面，市场中大量的金融创新不断突破金融分业经营制度的界限。因此，在外部环境和内部市场的共同推动下，美国在20世纪80年代起不断放松监管，并最终于1999年11月4日，由美国国会表决通过了《1999年金融服务现代化法案》，正式废除了《格拉斯—斯蒂格尔法案》，标志着美国正式结束了金融分业经营的历史，走上了金融综合经营的道路。

2. 美国金融综合经营历史演进的特点——严格监管制度下的市场推动

美国金融综合经营的历史演进的主要特点是严格监管制度背景下的市场推动式变革。这种特征产生的原因，首先是因为美国作为20世纪30年代初世界经济危机的中心，受到的伤害比其他国家都要严重，接受的教训比其他国家都更深刻，因此在金融分业经营时期，对金融体系的监管也比其他国家要更加严格。其次，与英国等其他普通法法系国家相比，美国的执法行动要多得多，施加的罚款额也要高得多——可谓"严格"执法。在英国，金融管理局的执法预算占总预算的比重介于12.5%～13%之间，其他许多国家亦相仿，而美国证监会将总预算的约40%花在执法上。①

与美国的严格监管制度相伴随的是美国金融市场中为了规避金融监管而进行的大量的金融创新行为。第二次世界大战以后，以电子计算机技术发展为标志的新科学技术革命在美国的兴起，推动了美国经济高度现代化的发展。而经济的迅速发展也带动了金融市场的迅速发展，其中，商业银行的资产规模从1945年的1 604亿美元增加到1970年的4 897亿美元；银行的分支机构从1945年的3 723家增加到1965年的15 486家；金融信用的扩大使得银行贷款从1945年的300亿美元增加到1965年的2 000亿美元。② 一方面，经济的不断发展导致了消费者需要更加全面和高效的金融服务；另一方面，金融部门资产规模的不断膨胀增加了自身的实力，同时信息技术的发展、外部市场的活跃都为金融创新提供了良好的条件。因此，从20世纪70年代开始，美国的金融创新不断发展，如房地产抵押贷款证券化、计算机无人银行、个人退休金账户，等等。这些金融创新的主要目的都在于规避金融市场的监管、追求更高利润。但是，严格的金融监管始终是对金融创新的一种约束，而且，随着20世纪80年代到90年代中期，英国、日本和加拿大等国家先后开始推行金融综合经营制度，美国的金融业在国际上的竞争优势逐渐减弱，因此美国政府不得不考虑放松对金融经营体制的限制，并最终形成了目前的金融综合经营的体制。

虽然世界上符合"严格监管制度下的市场推动"的金融综合经营演进模式的国家和地区并不多，但是，考虑到美国在世界经济中的特殊地位和强大的影响力，它的发展模式同样具有典型的意义。

（三）政府推动型模式——以日本为例

1. 日本金融综合经营的历史演进

日本的金融经营体制从形成到发展至今也经历了由混业经营到分业经营再

---

① 约翰·科菲：《美国强力证券利大于弊》，载《财经》2007年7月11日。
② 张立州：《走向混业经营之路——金融创新、金融结构与经营体制变迁研究》，中国金融出版社2003年版。

到综合经营的过程。第二次世界大战之前，日本政府由于战时融资的需要，鼓励市场形成大财阀为战时经济服务，所以，当时日本金融市场中是以金融混业经营的大财阀为主体。但是，因为日本在第二次世界大战后作为战败国由美国控制，为了遏制代表军国主义的大财阀的再次形成，美国把当时比较成熟的金融分业经营制度移植到了日本金融市场，从此，日本形成了分业经营的金融体制。

但是，日本在经历了战后几十年的辉煌后，从20世纪90年代初开始经济泡沫不断破灭，商业银行的收益受到低利率的影响不断萎缩，同时银行呆账和坏账快速增加，金融体系发展举步维艰，严重拖累了日本经济的复苏。因此，国内要求金融体制改革的呼声很大。为了能够摆脱国内金融业举步维艰的困境，并适应国际上金融创新迭起的局面，日本政府在20世纪90年代初期开始对金融体系进行改革，并于1992年正式颁布了《金融制度改革法案》，其核心内容是银行与证券公司可以相互收购，业务也可以相互交叉。1998年12月，日本政府又修改了《银行法》、《证券法》等金融法规，规定商业银行在一定范围内可以经营证券业务，这些法案的颁布标志着日本正式进入了金融综合经营体制。

2. 日本金融综合经营历史演进的特点——政府推动

从日本金融综合经营的历史发展中，可以看到政府推动的力量占主导地位。经过战后几十年的高速发展，日本经济取得了飞跃式的进步，迅速跨入世界先进国家行列，并一跃成为仅次于美国的世界第二大经济强国。但是在20世纪90年代初，日本的"泡沫经济"崩溃，经济进入持续衰退期。1989年末，日经指数达到高峰后开始下降，到1992年8月跌至14 309点，比1989年下降了63%之多。股价的大幅度下降几乎使日本所有的银行、企业和证券公司都出现了巨额亏损。股价暴跌半年之后，地价也开始大幅度下降。1990~1991年，日本全国地价下跌了46%，东京等地的房地产价格的跌幅都超过50%。[①] 至此，股票市场和房地产市场的资产泡沫彻底破裂。"泡沫经济"破灭给日本经济和金融体系带来了沉重打击。一方面，日本经济上的衰退已经超出了市场自身的调节能力；另一方面，日本金融机构长期处于政府的庇护下，本土市场对外开放程度和市场竞争程度都不高，金融机构对政府有很强的依赖性，因此，迫切需要政府推动金融体制改革。

---

① 王宇：《日本泡沫经济的形成与破灭》，载《经济研究参考》2004年第67期。

通过考察世界各国和地区的金融综合经营的历史演进过程，可以发现，韩国和中国台湾等东亚国家和地区的金融综合经营的历史演进也主要以政府推动为主。

（四）制度沿袭型模式——以德国为例

1. 德国金融综合经营的历史演进

德国的全能银行制度产生于19世纪50年代。当时仍处于工业化初期的德国的社会经济高速发展，资本短缺成为企业发展中的瓶颈，客观上要求一个有强大融资能力的经济部门为企业的发展提供充裕的资金。与此同时，单纯以存贷业务为生的商业银行已经远不能适应社会对资本的需求，因此，德国的许多银行开始进入金融证券投资行业和保险行业，以求获得更多的资金来源。

德国的全能银行与企业的关系十分密切，它们不仅为企业提供资金，而且在企业遇到困难、遭遇债务危机的时候，常常把对企业的债务转换为股票，成为企业的股东之一。通过这种方式，德国的全能银行不仅成为企业的债权人，而且又是企业的股东，参与企业的发展，监督企业的运营。所以，德国的全能银行制度是一种业务广泛的综合经营模式。根据德国的《银行业务法》，全能银行的经营范围是：存款、贷款、贴现、信托、证券、投资、担保、保险、汇兑、财务代理、金融租赁等所有的金融业务。事实上，德国的证券市场也完全是由银行来组织和控制的。在第二次世界大战期间，德国银行业遭到严重破坏。在战后的西方占领区（美、英、法占领区），被迫实施美国式的金融分业经营制度，曾经的几家全能银行也被拆分成了若干分业经营的金融企业。但即便如此，随着战后联邦德国经济的强劲复苏，为了经济发展的需要，在20世纪50年代，那些曾经被拆分的金融企业又重新合并成全能银行，继续着金融综合经营的道路。

2. 德国金融综合经营历史演进的特点——制度沿袭

德国的金融综合经营的演进历史虽然在第二次世界大战后的一段时间内出现了分业经营制度，但是持续时间并不长。德国为什么始终坚持全能银行制度，而并没有像美国、英国和日本等大多数国家那样经历从金融混业经营到金融分业经营再到金融混业经营的过程，是一个令人感兴趣的问题。我们认为，这可以从以全能银行为主导的金融体系的特有性质中寻找答案。

首先，在全能银行为主导的金融体系中，全能银行的发展使银行与公司的关系更加紧密，许多银行都有自己固定的客户群体，甚至本身就是企业的股东，因此，银行利润比较稳定，这使得银行往往安于现状，阻碍了金融市场的创新。其次，在全能银行主导的金融体系中，许多企业通常不愿意也不需要通过证券市场进行融资。这是由于企业在证券市场中的融资需要经过严格的审核和比较漫长的申请过程，在上市之后还要受到更加严格的监管。因此，证券行业的发展受到了全能银行的挤压，金融市场的结构比较稳定。[1] 正是由于金融创新发展缓慢，金融结构也长期保持稳定，所以，德国的金融综合经营一直以全能银行为主，并长期发展下来。

全能银行制度虽然阻碍了金融市场的创新发展，但是金融行业内的风险却得到了有效的控制。这也是德国一直坚持走全能银行制度模式的原因。

在欧洲大陆，法国、意大利、瑞士等国家和德国一样，也始终如一地坚持着全能银行制度。[2]

（五）模式比较分析

比较上述四种模式可以看出，在严格监管制度的市场推动型模式下，金融市场的创新受到阻碍，金融企业通过不断利用监管漏洞开发市场资源而实现金融创新。而当市场中金融企业规避监管已经成为一种合力时，监管部门方才被迫为适应市场需要而进行改革。在宽松监管制度的市场推动型模式下，由于金融市场的监管强度比较低，金融市场内部创新比较活跃，市场内部的推动使金融监管机构为适应市场需要和控制市场风险而进行制度变革。在以政府推动为主导的金融综合经营模式下，通常是政府为了摆脱经济发展困境或者为了实现赶超而进行金融综合经营体制改革。在这个过程中，政府的改革往往领先于市场发展。而制度沿袭型模式是由于本国特有的金融体系——全能银行制度——长期的成熟发展形成的特殊的市场格局引起的路径依赖。

上述四种模式不仅在金融综合经营的发展路径上不同，而且它们对金融市场的发展也会产生不同的影响。

---

[1] 张立州：《走向混业经营之路——金融创新、金融结构与经营体制变迁研究》，中国金融出版社2003年版。

[2] 虽然这些国家在制度变迁中有短暂的分业经营阶段，但基本上都是由于第二次世界大战的原因，而且其分业经营的持续期非常短。

1. 不同模式下的金融机构的规模和种类不同

首先,在严格监管制度下的市场推动型模式下,由于长期的分业经营体制和严格的监管体系,使得银行的规模不如其他几种模式下的银行规模大。根据英国《银行家》杂志发布的数据,在1995年世界1 000家大银行的排名中,美国上榜163家;欧盟上榜339家;日本上榜121家。尽管美国银行总资产在20世纪的90年代仅低于日本,但是由于其商业银行数目较多,其银行的平均资产仅为德国商业银行平均资产的10%,为英国的0.2%。[①] 然而,美国在1999年实行金融综合经营后,银行的可经营范围扩大,规模和盈利能力的上升速度得到了大幅的提高。到2005年,世界1 000家大银行的排名中,美国上榜197家;欧盟上榜286家;日本上榜101家。[②] 由此可以看出,美国在金融综合经营后通过自身的发展以及并购等商业手段,使得银行规模在不断扩大。但是,其平均资产规模仍然低于欧盟和日本银行的水平。

其次,市场推动型模式下的非银行机构种类比其他模式中的非银行机构要全,数量也要多。例如在美国和英国等国家中,非银行机构主要包括储蓄贷款协会、互助储蓄银行、信用社、人寿保险公司、财产与灾害保险公司、退休养老基金、投资公司、货币市场互助基金、共同基金、对冲基金、资产管理公司、"金融超级市场"单位信托公司,等等。而政府推动型模式和全能银行制度的国家非银行机构的种类就相对比较少。

2. 不同模式的金融创新能力不同

从金融综合经营的历史演进来看,市场推动型模式的金融创新能力比其他模式高,市场的推动力主要表现为金融自由化和金融创新的发展。这主要是由于在市场推动模式中,金融市场的竞争要比其他模式中的竞争激烈,而且非银行金融机构的实力和规模又很大,其中大部分都是由于金融创新的发展而形成的新的金融组织。政府推动型模式由于其市场的成熟程度无法与市场推动型的国家相比,因此市场创新能力则要弱得多。而由于全能银行制度模式过高的垄断地位,导致市场竞争并不激烈,从而使得其金融市场创新能力比较低。

---

① 苑改霞:《金融制度——国际比较》,中国财政经济出版社2003年版。
② 数据来源于《世界经理人数据库》,http://data.icxo.com/。

3. 不同模式下的金融市场的成熟度不同

政府推动型模式下的金融市场的成熟程度相比其他模式而言较低，对外开放的程度也较低。从20世纪90年代开始，日本、中国台湾等国家和地区在政府的推动下纷纷建立金融综合经营制度。但是其共同特征是金融市场发展不成熟，制度不完善，所存在的问题也比其他模式中的多。这其中很大一部分原因是由于长期的政府管制和改革不彻底造成的。以日本的银行业来说，由于政府的过度保护和改革的不彻底，使得银行长期以来虽然规模很大，但是垄断严重，经营绩效不佳，银行的呆账和坏账也比较多。从1997年亚洲金融危机的影响来看，这些国家和地区的金融体系普遍免疫力不强。

表1-1　　　　　　　　金融综合经营典型模式的比较

	严格监管制度下的市场推动型模式	宽松监管制度下的市场推动型模式	政府推动型模式	制度沿袭型模式（全能银行制）
代表国家	美国	英国	日本	德国
金融企业规模	中	大	大	较大
金融企业种类	全	全	较全	不全
金融企业创新能力	强	强	较弱	弱
金融市场成熟程度	成熟	成熟	不成熟	成熟
金融市场主要组织形式	金融控股公司	金融控股公司	金融控股公司	全能银行

三、国际金融业综合经营制度变迁的影响及经验启示

（一）国际金融业综合经营制度变迁的影响

国际金融业综合经营制度是从20世纪70年代末开始发展起来的，如果把国际金融综合经营体制的演进分成几个不同历史阶段的话，那么，20世纪70

年代末是市场自发启动阶段，80年代是发展阶段，而80年代末到21世纪初，随着世界主要的经济强国纷纷走上金融综合经营的道路，国际金融综合经营的发展也逐步进入了高潮阶段。在这近30年的时间里，伴随着金融综合经营制度的发展，它对世界经济发展和经济制度的影响也逐渐显现出来。

1. 对金融市场的影响

首先，金融综合经营使得金融市场中的市场主体的行为和发展轨迹产生了极大的改变。其中比较突出的一个影响是市场主体为了快速进入其他行业，追求协同价值所进行的大规模的并购浪潮。大规模并购的结果使得金融市场主体不断减少。例如，美国从1995年到1998年的四年间，银行之间的比较大型的兼并就发生了十四起之多，其中还不乏花旗银行和旅行者集团这种超大型的公司合并事件。日本在金融综合经营发展过程中也发生了大规模的金融集团的合并，产生了四大金融集团，即瑞穗集团、三和东海旭日集团、三井住友集团和东京三菱集团。英国和德国的发展相对稳定，但是仍有不少并购事件发生。在金融综合经营的过程中，金融企业为了迅速壮大自身实力，或者快速地进入其他金融领域，最直接的方式就是进行公司并购。当然，这种并购的浪潮也为金融行业内的推陈出新、优胜劣汰提供了条件，只要能够有效地遏制垄断的产生，这种并购会对市场的效率产生积极的影响。

其次，由金融综合经营所引起的金融创新不断增多，金融各个行业的协同价值也不断呈现。从产品的角度看，金融综合经营使得各个行业之间的合作更加紧密，具有跨行业属性的产品不断涌现。例如住房抵押贷款保险、保单贷款等。另外，由于金融行业之间业务和渠道的互补性，金融综合经营后，行业之间的协同价值集中地反映在了企业的经营效率上。据统计，对于单一客户的销售收入来说，保险业平均为125美元，银行业为117美元，而综合金融集团却可以达到260美元；对于单一的客户服务成本而言，保险业平均成本是55美元，银行业平均成本是65美元，而综合金融集团的平均成本仅为22美元；对于单一客户利润贡献而言，保险业平均利润为21美元，银行业为43美元，而综合金融集团平均能达到65美元，高于保险业和银行业的总和。[①] 由此可见，金融综合经营对企业服务的提升、客户需求的满足和企业盈利能力的提高都有着较强的推动作用。

---

① 中国平安保险（集团）股份有限公司：《金融综合经营的全球化发展及中国平安的探索与实践》（内部讨论稿），2007年8月28日。

最后，金融综合经营的发展使得企业的规模发生分化，大型集团通过并购和重组变得更加庞大，实力也不断增强。小型金融公司的生存压力不断增大，竞争实力下降。因此，在金融综合经营背景下，公司一般分化为两种格局，在普通业务的竞争中，由于大型金融机构的规模效应优势明显，故而此类业务基本上由几家大型金融机构垄断，小型金融机构的生存空间不断被挤占。而缝隙市场则由小型公司占领，一部分小型公司利用大型金融集团不愿意经营或者规模较小的市场而求得生存空间。

2. 对金融监管的影响

随着金融综合经营的发展，"分业监管"、"专业监管"的金融监管体制已经不能适应市场变化的需要，综合经营使得许多金融机构和金融业务已经不能单纯地划为某一个金融监管部门的职责范围，常常出现多重监管和监管空白同时存在的局面。因此，在国际金融综合经营的发展中，金融功能型监管和统一监管逐渐成为一种趋势。

所谓功能型监管是指在一个统一的监管机构内，由专业分工的监管专家和相应的监管程序对金融机构的不同业务进行监管。功能型监管的优点在于监管的协调性高，监管中的盲点容易被发现并会得到及时处理，金融机构的总体风险容易得到判断。同时，它可以用统一的尺度来监管各类金融机构，创造公平竞争的市场环境。美国在1999年后选择了功能监管的金融监管方式，"即对于拥有银行、证券和保险子公司的金融控股公司，由银行监管机构、证券监管机构和州保险监管机构分别对其相应的业务或功能进行监管，包括制定各自的监管规章、进行现场和非现场检查、行使各自的裁决权等；同时，由美联储担任牵头监管者（lead regulator），对金融控股公司进行总体监管"。[1]

所谓统一监管，就是把曾经在分业监管体制中的各个独立的监管部门合并成立一个综合的统一的监管机构，对金融业行使统一的监管权。这种监管的优势在于可以适应市场中大型金融控股公司的发展，对金融控股公司进行统一的监管。同时，这种监管方式还可以避免政出多门、重复监管等现象。当前，世界上许多国家都选择了统一监管的模式。如英国于1997年成立了金融服务监管局，负责国内各类银行、投资基金、清算机构、保险公司、住房信贷合作社、证券与期货机构等的监管工作；日本于1998年成立了金融监管厅，负责

---

[1] 胡建生：《混业经营条件下"统一监管"与"功能监管"的比较及借鉴》，载《中国经济时报》2007年7月12日。

对大多数的金融机构进行监管。瑞典、加拿大、丹麦等国家也选择了统一监管的模式。

(二) 国际金融综合经营制度变迁的经验和启示

随着美国《金融服务现代化法案》的正式通过，金融综合经营已经成为整个世界金融业未来发展的主流趋势。当前，我国也已经处于金融综合经营的探索阶段，总结国际经验，揭示国际金融综合经营制度变迁中的一般规律，对我国当前的改革和探索有着非常重要的意义。我们在概述国际金融综合经营的历史演进基础上，总结出以下几个方面的经验和启示。

1. 金融自由化和金融创新是金融综合经营的直接动力

金融自由化是指对金融系统放松或者解除管制，提高资金融通的效率，它主要包括价格自由化、业务自由化、市场自由化、资本流动自由化四个方面。而金融创新是指金融业不断超越传统的经营方式和管理模式，在金融工具、金融机构、金融方式、金融服务技术、金融市场组织等各个方面所进行的大量革新与创造活动，它主要包括金融产品、技术、服务创新和金融制度创新两大类。其中金融自由化是金融创新的前提，它为金融创新提供适宜的条件，而金融创新又反过来推动金融自由化的进一步发展。

从世界金融综合经营演进的历史可以发现，金融自由化和金融创新是金融综合经营演进的直接推动力。

第一，金融自由化和金融创新模糊了传统金融部门间的界限。

传统上，一般把金融体系大致分为银行业、保险业、证券业和信托业四大类。在金融分业经营体制确立后，不同部门之间的界限更加明显。其中银行在整个金融体系中占主导地位。但是，由于金融创新不断涌现，非银行部门得到了长足的发展，直接融资逐渐赶上并超越了间接融资的地位。与此同时，银行业为了追求高利润率也在不断进入传统的非银行领域，因此，市场中不同金融部门间的合作加强，交叉业务盛行，同时，具有不同金融部门性质的产品也不断涌现。金融市场中的许多产品、服务或者组织机构都难以再从银行、保险、证券和信托的行业角度进行划分，传统金融部门之间的界限开始变得模糊。这对金融体系实现金融综合经营提出了内在要求。

第二，金融自由化和金融创新推动了金融制度的创新。

金融制度创新包括金融组织制度的创新和金融监管制度的创新，其中金融组织制度主要是指金融机构的组织形式，如金融控股公司、集团公司等。而金融监管制度主要是指政府为了保证金融系统的健康、稳定、高效发展而建立的监管运行机制和监管组织机构等。从国际金融综合经营的历史演进可以发现，伴随着金融自由化和金融产品、技术和服务的不断创新，金融业内不同部门之间的业务不断地交叉、融合，金融市场的运行机制不断发生变化，金融企业为分散风险、追求范围经济效应而不断地对企业的组织形式进行变革，金融控股公司就是金融组织制度创新的产物。同时，在金融业务和金融企业组织形式的创新推动下，金融监管部门也需要对金融监管制度进行不断的改革和完善，以适应市场创新。在世界大多数国家处于金融分业经营体制的时期，金融监管一般都是分业监管体制，这主要是因为在金融分业经营时，各类金融机构分工比较明确，银行业、证券业和保险业无论是在公司组织层面还是在业务层面都很少存在交叉之处。而在这种经营体制中，金融监管的"分业监管"、"专业监管"是比较适宜的。但是，随着金融不同部门之间的融合，分业监管体制难以适应金融综合经营的发展要求。为了适应金融创新的发展，"统一监管"、"功能监管"等新的监管机制不断涌现。因此，可以说金融自由化和金融产品、技术和服务的创新推动了金融制度和监管制度的创新，而金融制度和监管制度的创新又进而推动了金融综合经营的发展。可见，金融自由化和金融创新是金融综合经营演进的直接推动力。

2. 金融监管成本和收益的变化是金融综合经营制度变革的直接原因

所谓金融监管的成本主要包括金融监管的直接成本（包括协调成本）、执行成本和机会成本以及发生金融风险后的社会补偿性成本。而金融监管的收益包括被监管机构的风险防范水平提高、金融体系的总体收入提高和由金融系统促进的社会经济发展和总体福利的提高等。[1] 从国际金融综合经营的历史演进中可以看到，在金融混业经营阶段，由于外部监管制度和内部监督机制都不完善，发生金融风险的概率比较高，社会补偿性成本也非常大。因此，实行分业经营制度可以有效地降低风险、减少监管成本、稳定金融体系。但是，从20世纪50年代以来，随着现代信息技术的不断发展以及监管标准的不断完善，国际上金融监管机构经过几十年的发展已经得到了实质性的增强，宏观政策标准、会计标准、信息披露标准和监管标准等都已经逐步制定和得到规范，由此

---

[1] 白钦先、张荔：《发达国家金融监管比较研究》，中国金融出版社2003年版。

降低了金融综合经营的风险，避免了金融市场重蹈金融混业经营时期曾经历过的混乱局面。从企业角度来看，当今的企业制度远比几十年前金融混业经营期间的企业制度先进与完善，内、外部监督机制相对更加有效；同时，信息技术的发展也为企业信息的及时披露提供了可能，并由此产生了积极的作用。因此，一方面，当今在成熟金融市场中发生金融风险的概率已经有所降低，并且随着存款保险等一系列制度的不断完善，发生金融风险后社会补偿性成本也不断减少；另一方面，由于金融分业经营制度在一定程度上压制了金融创新，并且使得金融机构不可能通过综合经营来分散风险并追求范围经济，这些都降低了金融系统的收益。由此可见，为了能够提高金融系统的收益，增强金融机构的创新能力，有必要实行金融综合经营制度。

3. 在金融综合经营的演进中，市场推动模式优于政府推动模式

如前所述，金融综合经营的发展有市场推动形成的模式，也有政府推动的改革模式，从世界各国的金融综合经营的发展历程来看，欧美国家主要属于市场推动的模式，而日本等东亚国家和地区则属于政府推动模式。从金融综合经营体制形成后的发展来看，市场推动型的发展模式在经营体制转变后仍然能够保持稳定快速的发展，金融创新能力仍不断加强。而政府推动型模式改革的效果不如市场推动型模式，其金融创新能力也没有得到实质性的提高。应该注意的是，欧美发达国家的金融综合经营的市场推动型模式是建立在金融创新活跃，金融市场健康、稳定的基础上的，因此，金融综合经营的转变比较顺利。而相比较而言，日本等国家和地区的政府推动型金融综合经营发展模式中政府的主观意志过强，从客观上来说，金融市场的基础远没有达到欧美先进国家的水平，金融综合经营发展所面临的问题和困境也相对较多。其具体表现为，市场成熟度不强，抗风险能力较差，金融企业的盈利能力也相对较弱。综上所述，金融综合经营的制度转变不是任何时候都能够顺利进行的，转变的时机是否成熟应该以金融市场的创新能力和发展的健康程度来决定，盲目的政府推动型改革并不能很好地推动金融市场的发展。

4. 金融综合经营的发展模式决定了金融综合经营中主流的企业组织形式

金融企业的综合经营一般都采取两种不同的企业组织形式，一种是全能银行形式，另一种是金融控股公司形式。全能银行是指一个金融集团（法人）可以同时经营银行、证券、保险等多种业务，它的综合经营程度非常高，是德

国、法国等"制度沿袭"型金融综合经营模式中的主流企业组织形式。而金融控股公司是指,以一个金融企业为控股母公司,全资拥有或控股、参股具有独立法人资格的子公司以实现多元化经营的金融集团。这种组织形式主要存在于市场推动型和政府推动型的金融综合经营发展模式中。这主要是因为,市场推动型和政府推动型金融综合经营模式都经历了从分业经营向综合经营过渡的发展"路径",而金融控股公司是一种比较适合从分业经营向综合经营过渡的公司组织形式。首先,在金融控股公司中,不同的子公司从事着不同领域的金融业务,且都具有经营法人地位,各个子公司之间容易建立金融防火墙机制,能够有效地降低或防止金融综合经营带来的风险传递效应。其次,金融控股公司有着比较强的分业特征。虽然整个金融集团作为一个整体为金融综合经营形式,但就各个独立经营的子公司而言,仍然是单业经营,这就为金融分业经营时期的监管部门提供了便利。由此可见,市场推动型和政府推动型的金融综合经营的发展模式决定了其金融综合经营中主流的企业组织形式是金融控股公司。

5. 金融监管的完善滞后于金融市场的发展

金融监管的终极目标是维持当前金融秩序的稳定,保证金融企业的健康经营,并使金融体系保持相当的活力。但是,国际金融综合经营的发展历史却表明,金融监管的完善总是滞后于金融市场的发展的,它主要表现为金融监管理论、金融监管方式、金融监管的手段和工具的滞后以及金融监管政策效应的滞后,而其主要原因就在于金融监管的机制本身就是在追求金融市场的稳定和效率之间进行相机抉择的。然而,在金融自由化和金融创新不断深化的同时,金融监管系统对金融市场发展的未来预测并不确定,这也就导致了金融监管部门对金融监管尺度把握的不确定性。[①] 因此,金融监管的完善滞后于金融市场的发展是经济和金融发展的不确定性所导致的必然结果。从国际金融监管的发展来看,当金融市场的创新发展较快和金融结构变化比较剧烈的时候,金融监管制度的变化就比较大,而当金融市场相对稳定时,金融监管部门的调整就较小。[②] 因此,积极推进金融市场的创新和发展才能有效地推进金融监管部门的调整和完善。

---

① 白钦先、张荔:《发达国家金融监管比较研究》,中国金融出版社2003年版。
② 秦宛顺、靳云汇、刘明志:《金融监管的收益成本分析》,载《金融研究》1999年第1期。

结　语

　　本书界定的金融综合经营是指银行业、证券业、保险业和信托业等金融各行业之间可以跨业经营的金融制度，即各类金融机构可以通过在内部设立职能部门、或者股权形式参股、控股或直接设立子公司的形式来经营其他金融业务以实现综合经营。金融综合经营强调以有效的金融监管、完善的公司内部治理和风险管控为基础和前提。

　　目前，世界发达国家的金融综合经营制度已经经历了长期的发展，并形成了一套完善的体系。通过对它们的考察，我们看到，金融综合经营对金融市场和金融监管两个方面都产生了很大的影响：在金融市场中出现了综合型金融巨头与小型专业金融公司并存的局面，金融创新也不断增多；在金融监管方式上也出现从"分业监管"向"统一监管"和"功能监管"的转变。同时，通过梳理金融综合经营的发展史，我们还发现国际金融综合经营的演进有以下几点经验与启示：第一，金融自由化和金融创新是金融综合经营的直接动力；第二，金融监管成本和收益的变化是金融综合经营制度变革的直接原因；第三，在金融综合经营的演进中，市场推动模式优于政府推动模式；第四，金融综合经营的发展模式决定了金融综合经营中主流的企业组织形式；第五，金融监管的完善滞后于金融市场的发展。

　　本章对国际金融综合经营的历史梳理将为研究中国金融综合经营的发展提供一个历史参照，其中总结出的经验与启示也为研究中国金融综合经营的发展提供了重要的思路。

本章参考文献

1. 白钦先、常海中：《法国金融制度：由非典型的银行主导型向市场主导型演进》，载《金融论坛》2005年第6期。
2. 白钦先、张荔：《发达国家金融监管比较研究》，中国金融出版社2003年版。
3. 蔡曙晓：《西方金融兼业经营制度演进及对中国金融业的影响》，载《金融研究》2000年第4期。
4. 陈国进：《日本金融体制变迁的路径依赖和适应效率》，载《金融研究》2001年第12期。
5. 戴相龙：《关于金融全球化问题》，载《金融研究》1999年第1期。
6. 方家喜：《"混业经营"改称"综合经营"意味着什么》，载《金融信息参考》2005

年第 6 期。

7. 韩秋：《韩国金融制度的变迁与启示》，载《黑龙江社会科学》2007 年第 3 期。

8. 胡建生：《混业经营条件下"统一监管"与"功能监管"的比较及借鉴》，载《中国经济时报》2007 年 7 月 12 日。

9. 金柯：《加拿大金融体系的变革》，载《经济科学》1994 年第 4 期。

10. 李丹儿：《日本金融再生的启示和思考》，载《金融研究》1999 年第 12 期。

11. 乔海曙：《金融监管体制改革：英国的实践与评价》，载《欧洲研究》2003 年第 2 期。

12. 秦国楼：《金融综合经营与分业经营的比较分析与实证研究》，载《金融研究》2003 年第 9 期。

13. 秦宛顺、靳云汇、刘明志：《金融监管的收益成本分析》，载《金融研究》1999 年第 1 期。

14. 孙祁祥、郑伟等：《经济社会发展视角下的中国保险业——评价、问题与前景》，经济科学出版社 2007 年版。

15. 王青锋：《中国金融业综合经营模式研究》，博士学位论文，2006 年。

16. 王宇：《日本泡沫经济的形成与破灭》，载《经济研究参考》2004 年第 67 期。

17. 吴崇伯：《澳大利亚的金融改革之路》，载《中国金融》2003 年第 14 期。

18. 苑改霞：《金融制度：国际比较研究》，中国财政经济出版社 2003 年版。

19. 张立州：《走向混业经营之路——金融创新、金融结构与经营体制变迁研究》，中国金融出版社 2003 年版。

20. 张永辉、赵晓峰：《德国的金融监管体系改革及其对我国的启示》，载《西安财经学院学报》2003 年第 6 期。

21. 赵锡军：《建议用综合经营代替混业经营的提法》，载《中国经济时报》2003 年 1 月 23 日。

22. 钟加勇：《"综合经营"下的监管博弈》，载《商务周刊》2005 年第 5 期。

23. 约翰·科菲：《美国强力证券利大于弊》，载《财经》2007 年 7 月 11 日。

第二章 中国金融综合经营：历史、现状与发展趋势

引　言

本书第一章通过对国际金融综合经营的历史发展研究总结出了金融综合经营发展的一般规律，这为中国当前金融综合经营的发展提供了国际比较的参照。但是，任何国家的金融体制演进都有其自身的历史继承性，研究我国当前的金融综合经营改革，历史纵向的视角必不可少。我国改革开放30年来，已经形成了金融功能多样，金融机构多元，银行、证券、保险分业经营的金融经营体制。回顾过去，我们有成功的经验也有失败的教训，这些经验和教训对我们探索未来金融综合经营的发展方向是非常有益的。如今，我国已经渡过了加入WTO后的5年保护期，金融市场正在对国际资本全方位开放，中国金融综合经营的改革也正处于关键时期。在这一历史时刻，深入研究我国金融体系的改革和发展历史，总结中国金融综合经营演进的特点，并探索综合经营未来的发展趋势，对我国当前综合经营的改革无疑具有重要的意义。

一、中国金融综合经营的历史演进

根据金融体制演进中的不同特点，改革开放以来我国金融综合经营的演进史大体可以划分为以下四个不同的阶段：第一阶段，从

1979年到1983年，是我国金融体系的形成阶段；第二阶段，从1984年到1992年，是我国金融混业经营阶段；第三阶段，从1993年到1998年，是金融分业经营形成阶段；第四阶段，从1999年至今，是金融综合经营的探索阶段。对于不同的历史阶段，本节将分别从理论准备、政策变迁和行业发展三个方面，对其金融经营体制发展的内容和特点进行系统的分析和概括。

（一）金融体系形成阶段（1979～1983年）

1978年以前我国实行的是社会主义计划经济制度，金融体制也在此基础上形成了"大一统"的模式。当时，银行只有中国人民银行一家，保险公司也只有中国人民保险公司一家，证券业则完全空白。1979年是我国经济和金融迎来转折的一年。经济建设成为党的工作中心，经济制度也从原有的计划经济向商品经济和市场经济转变。当时，社会经济部门百废待兴，而技术、资金、人才等资源又十分稀缺。一方面，政府需要充分利用金融体系的资金融通功能，调动社会力量为建设社会主义经济服务；另一方面，在长期形成的"大一统"的金融体制中，金融资源十分匮乏，金融功能也严重缺失，金融系统在国民经济中发挥的作用极其微弱。在这种历史背景下，恢复金融体系的经济功能，构建完整的、功能齐全的金融体系成为金融工作的核心。

1. 理论准备

改革开放初期，对于如何建立社会主义市场经济体制的理论讨论是从重新解释"价值规律"开始的，市场所具有的自主调节资源配置的力量受到了前所未有的重视。在这一理论思想的指导下，政府开始下放经济管理的权限，提高地方经济的自主权。在这种环境中，过去"大一统"的金融制度已经不能适应新的经济形势，迫切需要改革。1979年10月，邓小平同志在中共省市自治区委员会第一书记座谈会上指出："银行应该抓经济，现在的只是算账、当会计，没有真正起到银行的作用。""银行要成为发展经济、革新技术的杠杆，要把银行真正办成银行。"[1] 这一理论成为了随后几年中，我国建立金融体系、改革金融制度的首要指导思想。

2. 政策变迁与行业发展

根据上述理论指导，从1979年到1983年间，我国金融领域展开了一系列改

---

[1] 刘鸿儒：《按照经济规律办事　把银行办成真正的银行》，载《中国金融》1980年第1期。

革。首先，为了保证社会主义市场经济发展中重点领域的资金供给，政府先后成立了四大专业银行：1979年1月，国务院发出《恢复中国农业银行的通知》，3月，中国农业银行正式恢复成立；同年3月，国务院决定将中国银行从中国人民银行中分离出来，同时成立了国家外汇管理局；同年，中国人民建设银行从财政部分离，成为一家独立的银行；1983年，国务院又决定由中国人民银行专门行使中央银行的职责，同时设立中国工商银行。中国人民银行成为我国金融系统的监管部门。其次，为了完善金融体系，在1979年重新恢复了中国人民保险公司，开展保险业务。同年10月，中国国际信托投资公司成立，此后各地相继组建了信托投资公司和城市信用合作社。至此，我国以国有四大专业银行为代表的银行体系正式成立，保险业务重新恢复，信托业也开始起步，金融机构多元化和金融业务多样化的局面正在出现，中国的金融体系初步形成。[1]

(二) 金融混业经营阶段 (1984~1992年)

我国金融业混业经营是指从1984年到1992年这一时期的金融经营体制。在此之前，虽然建立了一个相对完整的金融体系，但是，一方面，由于当时国有四大专业银行经营范围比较单一，业务范围比较小；另一方面，金融业务种类非常少，拥有各自业务领域的金融企业缺乏竞争机制，"墨守成规、各霸一方"的现象非常普遍，因此，在金融市场的各行各业中建立竞争机制成为当时金融体制改革深化的主要任务。到80年代中期，为了能够进一步推动社会主义市场经济改革，增强金融体系内部的竞争，提高经营效率，并满足社会经济中日益增长的消费需求，国家开始鼓励金融体系的多样化发展。

1. 理论准备

在这一历史阶段，虽然我国市场经济体制已经初步建立，但由于竞争不足，经济体系中市场化水平仍然很低，市场经济机制带来的效率提升还没有充分发挥出来，因此，当时需要解决的重大理论问题是如何提高竞争机制，充分发挥市场这一"看不见的手"对经济资源的配置作用。与此同时，对金融机构深化改革的理论探讨也围绕着"建立市场机制"而展开。1986年，根据"国民经济和社会发展第七个五年计划"中提出的对国有企业经济体制改革的要求，理论界首次提出了银行企业化管理的发展方向。一些专家指出，作为金

---

[1] 李利明、曾人雄：《1979~2006中国金融大变革》，上海人民出版社2007年版。

融系统的核心,银行部门的管理方式没有随着市场经济的发展及时更新,以行政手段管理银行的现象还比较严重,而银行要真正适应市场经济的发展就必须坚持企业化管理,按照市场经济规律,用经济办法指导银行发展。① 为了能够充分发挥市场机制,打破各金融部门的业务垄断,理论界提出的对策是,一方面需要在专业化的银行中实行业务交叉;另一方面还需要扩大银行的信用种类和方式。② 这些理论和对策为我国金融体系在随后几年中进入混业经营奠定了思想基础。

2. 政策变迁与行业发展

在上述理论的指导下,这一时期金融工作的重点在于深化银行体制的改革,继续建立多样化的金融体系,加强金融体系中的内部竞争。

在银行业方面,继续深化银行体制的改革,国民经济和社会发展"七五"计划指出:"各专业银行应坚持企业化改革的方向,但实行的步子要稳,他们的业务范围也允许适当交叉。"③ 同时,为了能够建立多样化的银行系统,1986年7月,国务院发布《关于重新组建交通银行的通知》,重组后的交通银行是第一家全国性的股份制综合性商业银行。1987年2月,国务院又批准成立中信实业银行,它是继交通银行后,我国第二家全国性的综合性商业银行。这两家银行随后发展成为了涉足多项金融甚至生产、贸易等多项业务的金融混业集团。与此同时,随着金融监管的放松,四大国有专业银行也纷纷突破原来的专业经营范围,进入其他银行的经营领域以及房地产、证券等非传统银行业务领域。

在保险业方面,1986年8月,经中国人民银行批准,新疆生产建设兵团农牧业保险总公司成立,由此打破了中国人民保险公司一家垄断中国保险市场的局面。1988年和1991年,平安保险公司和太平洋保险公司分别成立,形成了以中国人民保险公司为主的多家经营主体的局面。

在证券业方面,由于在新中国成立后,银行业在中国金融体系中长期占据主导地位,所以在20世纪80年代证券业出现之初,证券中介业务也最先由银

---

① 王维松:《浅议专业银行企业化管理问题》,载《中国金融》1986年第4期。
② 张庆阳在《专业银行之间的竞争与协作》(载《中国金融》1987年第12期)中提到:"各专业银行在企业化改革进程中,业务竞争日益激烈。……不如此,就不能打破独家银行'一统天下'的局面,……不能更好地调度资金,提高信贷资金使用效益,促进资金横向融通,促进有计划商品经济的发展。"
③ 摘自《中共中央关于制定国民经济和社会发展第七个五年计划的建议》。

行承担，各专业银行的信托投资公司是证券业发展的主要力量。同时，财政部门、人民银行等也纷纷涉足证券业。①

在这一时期，通过对银行、保险和证券行业的改革，我国形成了金融混业经营体制。金融机构数量不断上升，金融体系对经济发展的作用也不断加强。但是，由于当时金融机构和金融监管部门对金融风险的认识水平都比较低，管理层对金融混业经营中产生的风险缺乏有效的监督，因此，到20世纪90年代初期，全国出现了严重的通货膨胀，房地产泡沫相继破灭，银行、信托公司等金融机构的不良资产剧增，宏观调控政策也开始失灵。这次大幅度的经济波动让管理层开始反思金融混业经营体制带来的问题。

（三）金融分业经营形成阶段（1993~1998年）

金融混业经营带来的风险使我国在1992年到1994年间经历了一轮猛烈的通货膨胀，金融系统中多年积累的风险集中爆发，对我国的经济产生了很大的负面影响。这一时期，政府第一次重视起金融体系的风险防范，并且为了控制当时金融体系产生的风险，在1993~1998年间，逐步建立了金融分业经营体制。

1. 理论准备

由于1992年开始的通货膨胀对我国的经济和人民生活带来了很大的影响，在这一时期，金融理论研究的焦点集中在如何防范金融体系的风险，治理高速的通货膨胀。当时理论界认为，这次严重的通货膨胀形成的主要原因是我国宏观机制不健全，金融系统混乱，相应的解决办法是让政府建立强有力的宏观调控体系和金融监管体系。② 一些学者对我国金融混业经营体制做了深刻的反思并指出：应该重新定义我国的金融多样化发展方向，金融多样化并不等同于混业经营。金融分业经营也可以在降低风险的同时带来金融体系的多样化发展。因此，在这一时期，要保持金融体系和国民经济健康平稳发展，必须实行金融分业经营。③ 此刻，理论界在"我国金融体系需要实行分业经营和分业管理"这一问题上形成了高度的统一。当然，需要指出的是，由于当时世界唯一的超

---

① 蔡曙晓：《西方金融兼业经营制度演进及对中国金融业的影响》，载《金融研究》2000年第4期。
② 徐山辉：《对我国通货膨胀的分析与对策》，载《金融研究》1995年第5期。
③ 王海龙：《谈如何推进金融业的分业经营和分业管理》，载《浙江金融》1995年第7期。

级大国——美国始终坚持着金融分业经营体制，这对我国的金融分业经营制度的形成无疑也产生了很大的影响。

2. 政策法律变迁

在上述的理论研究的影响下，1993年11月党的十四届三中全会颁布的《关于建立社会主义市场经济体制的若干问题的决定》指出："中央银行以稳定币值为首要目标，要把国有专业银行改造为商业银行。"同年12月，国务院公布的《关于金融体制改革的决定》中规定："国有商业银行不得对非金融企业投资。要明确规定各种非银行金融机构的资本数额、管理人员素质标准及业务范围，并严格审批，加强管理。对保险业、证券业、信托业和银行业实行分业经营。"1995年，我国又相继颁布了《中华人民共和国中国人民银行法》、《中华人民共和国商业银行法》和《中华人民共和国保险法》，这三部法律从根本上奠定了我国金融分业经营的格局。伴随着分业经营制度的确立，我国的金融监管制度也开始走向分业监管，1995年3月，国务院正式批准《中国证监会机构编制方案》，确立中国证监会对我国证券期货市场进行监管。1998年11月，中国保险监督管理委员会成立。至此，我国金融分业经营、分业监管体制基本形成。[①]

3. 行业发展

在这一时期，金融行业发展最显著的特征是形成了分业经营格局，一方面，银行、证券、保险和信托等不同金融部门之间严格分业经营；另一方面，在单一金融行业内部也形成了一定程度的分业经营格局，如，在银行业中，投资银行业务必须和商业银行分离；在保险业中，财产险、人寿险和再保险之间也必须分业经营。

历史的发展表明，我国金融经营体制从混业经营转变为分业经营，客观上控制了金融系统的风险，规范了金融系统的正常运行，恢复了金融秩序，促进了国民经济的健康发展。在金融分业经营的阶段中，我国金融业快速有序地发展壮大起来，并且逐渐走上经济舞台的中心。以下数据充分显示了这一时期的发展状况及其成果。

在银行方面，截至1998年底，国内已有106家银行，其中包括3家政策

---

① 2003年4月，中国银监会挂牌成立，履行由原中国人民银行履行的银行业监管职责。这标志着我国金融分业经营体制完全成熟。

性银行、4家国有独资商业银行、11家区域性商业银行和88家城市商业银行。同时，还有13家外资银行。全国银行的储蓄余额达到了59 621.8亿元，比1992年增长了307%。

在保险业方面，我国保险公司机构的数目从1992的4家发展到1998年底的25家，而且保险市场初步形成了以国有商业保险公司为主、中外保险公司并存、多家保险公司竞争的新格局。从保费收入来看，1998年，全国保费总收入达1 247.3亿元（含外资机构），比1992年增长了138.9%。[①]

在证券业方面，到1998年，我国发行国债总额达到3 808.77亿元，A股筹资额达到了443.05亿元，股票成交金额达到了23 544.25亿元，分别比1992年增长了626.6%、686.1%和3 256%。[②]

从以上数据可以看出，在金融分业经营体制下，金融各个行业都得到了充分的发展，并已经具有相当规模。

（四）金融综合经营探索阶段（1999年至今）

我国对金融综合经营体制的讨论始于1999年，[③] 其主要的诱发事件是1999年美国国会批准通过了《金融服务现代化法》。这一事件标志着世界金融综合经营的发展已经进入高潮，并成为国际金融业发展的未来趋势。显然，我国当时实行的金融分业经营制度已经逐渐偏离了世界金融发展的潮流。此后，随着中国于2001年加入WTO，仅仅5年的WTO过渡保护期使得国内金融业危机感开始增强，面对国外金融综合经营的浪潮，我国对金融综合经营的讨论也开始热烈起来。

1. 理论准备

在这一阶段，许多专家开始从国际未来发展趋势对中国金融体制变迁的影响来分析我国金融经营体制的未来发展方向。理论界所达成的共识是，虽然金融综合经营是我国金融业未来的发展趋势，但是当前的金融分业经营制度仍然是我国金融业发展不可跨越的阶段。这主要是因为我国正处在长期的市场经济

---

① 数据来源于《中国金融统计年鉴》（1993年、1999年）。
② 数据来源于中国证监会网站"1981~1998年国内有价证券分类发行情况表"和"1992~1998年全国证券交易汇总表"。
③ 在2005年以前，金融综合经营的概念被表述为"混业经营"，但是这个"混业经营"的概念与1993年前的混业经营体制并不相同。

的转型时期，宏观金融风险仍然较大，在金融市场发育不成熟、监管体系还不十分健全的情况下，加强金融监管水平，实行金融分业经营制度是目前经济条件下的现实选择。[①] 随着我国加入 WTO，理论界对金融综合经营的探讨更加深入，一些专家指出，WTO 将成为我国金融综合经营强大的外部推动力，金融综合经营相对金融分业经营而言，在分散金融企业经营风险、整合不同金融部门资源、发挥协同效应等方面有着较大优势。近年来，许多学者又分别从金融综合经营的发展模式和金融监管部门的整合等多个方面进行了更加深入的探讨。

2. 政策法律变迁

为了不断深化我国金融体制改革，并促进我国金融体系的对外开放，政府和各级监管部门都在防范风险的条件下，逐步对现有的分业经营制度进行了一系列的改革和调整。其中主要的政策和法律修改有：

2003 年 12 月，第十届全国人大常委会第六次会议通过的《商业银行法》（修订）对商业银行经营业务范围作出了规定，在原有经营范围的基础上增加了允许商业银行经营经国务院银行业监督管理机构特批的其他业务。业内人士普遍认为这是为今后商业银行的综合经营留下了空间。

2004 年 7 月，中国银监会依据《银行业监督管理法》和《行政许可法》制定了《中国银监会信托投资公司行政许可事项实施规定》。该规定指出，具备一定条件的境内金融机构和境外金融机构可以向信托公司投资入股。这就为商业银行和保险公司进入信托业开展综合经营提供了政策依据。

2005 年 9 月，在银监会的推动下，出台了《商业银行设立基金管理公司试点管理办法》，工商银行、建设银行和交通银行分别发起设立了基金管理公司。银行业的综合经营开始破冰。

2005 年 10 月，中共十六届五中全会通过的《中共中央关于制定国民经济和社会发展第十一个五年规划的建议》提出，要"稳步推进金融业综合经营试点"。

2006 年 1 月，在新的《证券法》中，在原来规定坚持"分业经营、分业管理"原则的第六条的基础上加上了"国家另有规定的除外"。这也为金融综合经营留下了空间。

---

① 蔡曙晓：《西方金融兼业经营制度演进及对中国金融业的影响》，载《金融研究》2000 年第 4 期。

2006年9月，中国保监会发布的《关于保险机构投资商业银行股权的通知》中指出："经国务院批准，保险集团（控股）公司、保险公司、保险资产管理公司可以投资商业银行股权。"这无疑也为保险公司今后开展综合经营留下了余地。

这些政策和法律的变迁，为我国逐步放开金融分业经营管制、走向金融综合经营体制奠定了坚实的基础。

3. 行业发展

可以肯定的是，我国金融分业经营体制的建立对控制我国20世纪90年代上半期严重的通货膨胀、稳定金融秩序有着重要的意义。但是，随着全球经济一体化、国际上不断掀起的金融综合经营的浪潮和金融市场竞争不断加剧，继续实行严格的金融分业经营显然已不能适应如今的国际环境和市场需求。因此，我国金融综合经营的萌芽开始出现，金融综合经营初级阶段的一些特征也开始显露出来。

首先，金融行业内的交叉业务盛行。进入21世纪以来，"一站式"的金融消费服务已经开始被国内市场接受，一些不同领域的金融企业为适应市场的发展，开始进行不同形式的金融业务合作。在银证合作方面，如证券公司开展的国债回购、股票质押贷款等业务已经铺开。在银保合作方面，如银行对保险产品的代理业务等合作也在如火如荼地展开。这些业务合作相互利用了对方的优势资源，降低了业务的成本，提升了业务的利润和效率。当前，交叉业务的合作范围越来越广，业务的规模也越来越大。如银行保险业务在短短的几年时间内便迅速成为保险销售的"三大主渠道"之一。银保保费收入从2001年的50亿元增长到2006年的1 400亿元，约占整个保费收入的1/4。[①]

其次，我国已经出现了一批有实力的金融控股公司。我国的金融控股公司主要可分为以下两种类型：第一种类型是因政策性原因形成的金融控股集团。例如因执行1993年分业经营、分业监管的政策，由原有的混业经营企业转变成金融控股公司，如中信、光大金融控股集团等。第二种类型是由金融机构作为投资主体的金融控股公司模式，它们曾经在金融部门从事单一业务，但是在综合经营发展的过程中，通过不断兼并或者开展新业务进入其他领域，最终形成金融控股集团，例如平安集团等。当然，还有一种比较特殊的准金融控股公司，是指各产业集团，特别是上市的集团公司，为了追求规模和范围经济而进

---

① 数据来源于中国保监会《2006年保险中介市场发展报告》。

入金融各个行业，进而形成了既投资实业又控制不同金融机构的企业集团，如海尔集团[①]等。这些金融控股公司如今在我国金融市场中发挥的作用越来越明显，市场地位越来越高，成为我国金融综合经营探索中的先行者。

二、中国金融综合经营演进的特点

从改革开放以来金融综合经营发展的历史来看，我国金融综合经营的发展同我国整个经济制度的变革一起，经历了从计划经济体制向市场经济体制转轨的过程。因此，我国金融综合经营的演进不可避免地打上了转轨发展的烙印。这些历史烙印集中体现在我国金融综合经营演进的特点之中。

（一）金融综合经营的演进始终处于快速变革和发展之中

快速变革和发展是我国金融综合经营演进的一大突出特点。从1979年我国开始建立金融体系至今，在不到30年的时间里，我国金融经营体制已经先后经历了金融体系的形成阶段、金融混业经营阶段、金融分业经营阶段以及当前对金融综合经营体制的探索阶段。与美国、英国等老牌发达国家相比较，其改革幅度之大、发展之迅速都令人瞩目。可以说，我国用不到30年的时间，走完了这些发达国家近100年的发展道路。

究其原因，主要有以下几个方面。首先，相对于美国、英国等发达国家而言，我国属于后发经济体，具有经济发展的后发优势。因此，我们不仅可以学习西方发达国家的先进技术，同时还可以借鉴一些国际上成熟的经济发展的经验和模式。例如，我国在从金融混业经营体制发展为分业经营体制的阶段中，就充分吸取了当时美国金融分业经营体制的经验，在结合我国的实际的基础上，比较快地建立了相对成熟的金融分业经营体制和相对比较完善的法律体系。其次，我国金融体制的改革阻力较小。发达国家的金融系统经历过的金融危机较多，民众对金融系统变革产生的风险有较强的防范心理，因此，改革推动起来比较慢。相对而言，我国的金融体制并没有经历过重大的危机，金融体系改革的社会阻力也不如发达国家那么大。最后，我国金融体制改革中政府推

[①] 海尔集团在2001年通过一系列投资和购并，形成了集银行、证券、保险和信托业务于一身的准金融控股公司。

动能力较强。国有企业一直是我国金融体系的主体，在改革的过程中，政府比较容易通过行政手段和经济手段相结合的方式推动金融体制的改革。这些因素都使得我国的金融体制在深化改革的过程中能够保持较高的效率和高速的发展。

（二）金融综合经营的演进与市场经济进程基本相匹配

在我国金融综合经营的演进过程中，一个显著的特点是，它的发展与我国市场经济的发展进程基本相匹配。

首先，从改革开放后我国市场经济体制的发展看，我国金融体系的建立和社会主义市场经济体系的建立相一致；金融混业经营体制的出现和发展与市场经济体制不断深化相协调；金融分业经营体制的产生和完善与我国市场经济体制逐步规范和有序相适应；而当前对金融综合经营的探索则是我国市场经济体制与世界经济接轨、加大市场对外开放、适应经济全球化的产物。

其次，自我国改革开放以来，特别是1984年改革重点由农村转向城市之后，随之而来的一切改革诸如金融体制改革、投融资体制改革、社会保障体制改革、医疗体制改革等都是围绕着国有企业改革展开的。因此，我国金融经营体制的演进与国有金融企业的改革密切相关。金融混业经营体制伴随着我国银行业的企业化发展而出现，分业经营制度则伴随国有金融企业的改革而产生。由于我国长期处于计划经济体制中，公有制企业长期存在产权不明、政企不分的现象，这也造成了我国市场经济中以追求利益最大化为目标的市场主体缺失，导致了市场的混乱。在金融领域内集中表现为，一部分企业只求规模不求质量，只求扩张不求风险防范。在金融混业经营时期，这些现象尤为明显，并最终引起了金融体系的混乱局面。1993年，中共十四届三中全会后，现代企业制度对我国市场经济发展的重要性已经被普遍接受，建立"产权清晰、权责明确、政企分开、管理科学"的现代企业制度成为我国国有企业改革最重要的目标。但是，建立现代企业制度是一个长期的过程，金融分业经营制度的建立和完善也正是为了适应金融现代企业制度的改革，有效地控制改革过程中金融体系带来的风险。我国国有企业建立现代企业制度至今已有十余年，但是目前在金融业内真正拥有健全的现代企业制度和完善的公司治理机构的企业还为数不多。因此，在当前金融综合经营的探索时期，不可能允许所有的金融企业都发展成金融综合经营型集团，而只能通过发展金融综合经营的试点，逐步积累经验，并等待各方面条件的成熟。

从以上两个方面可以看出，在我国20多年来金融综合经营的演变过程中，社会主义市场经济的发展主导了金融体系的发展，市场经济发展的要求是推动我国金融综合经营改革最重要的动因。

(三) 金融综合经营的演进受部门利益的制约

当前，我国的金融监管体系是以"分业管理"为基础的"一行三会"的监管格局。其中，银监会、证监会和保监会分别担负监管银行业、证券业和保险业的职责，中国人民银行负责整个金融体系的稳定。这种金融分业监管的制度是与金融分业经营的制度相适应的，它的优势在于专业化的管理，能够密切监控本行业中企业和市场的动向。但是，这种监管格局对于金融综合经营制度发展的制约也非常明显。

一方面，这种金融监管制度容易形成"本位主义"。由于我国在金融分业经营中，形成了同一行业中企业与监管部门的紧密联系，因此，监管部门一般把自身管辖下的企业作为自己的"势力范围"，形成了"分业监管"、"各守一摊"的局面。这导致了监管部门对本行业内的企业所开展的其他金融领域中的业务该由哪一个监管部门负责监管的问题，出现了"政出多门"和"监管空白"的现象。当前金融不同行业之间的交叉业务已经很普遍，对金融业务的监管需要不同监管部门之间的协调与合作，但是由于各监管部门利益不一致，极大地增加了金融企业综合经营的制度成本，阻碍了金融综合经营的发展。

另一方面，由于我国金融法律的制定一般是由单一部门进行发起和起草工作，在分业监管的格局中，任何一个监管部门都不能够代表整个金融系统的利益。因此，未来要推动金融综合经营的相关法律的诞生，同样需要对当前金融监管的机构运行机制或组织形式进行调整。

三、中国金融综合经营的发展趋势

根据国际金融综合经营演进的一般规律和我国金融综合经营的演进特点，并结合我国当前金融综合经营的发展现状，本节将进一步对我国金融综合经营的未来发展趋势进行展望。

（一）金融综合经营是大势所趋

当前，国际金融综合经营已经进入高潮阶段，这是我国金融体制发展的外部环境。从内部条件来看，一方面，外资金融企业正在陆续进入中国市场，为我国金融市场发展带来了先进的理念；另一方面，我国也在学习国外的先进经验，不断加强金融配套制度改革，为金融综合经营的发展创造有利的条件。这些外部环境和内部条件构成推动我国金融综合经营发展的外因和内因，使得金融综合经营成为大势所趋。

1. 国际金融综合经营趋势的影响

自从加入WTO后，中国逐步对世界全面开放金融市场，西方发达国家金融综合经营的潮流必将对中国金融现行的分业经营制度带来强烈的冲击。许多西方大型金融机构已经形成了综合经营银行、证券、保险等多种金融业务的金融集团，金融全球化的发展使得我国的金融企业无论在国内市场还是在国际市场都不得不直接面对世界金融巨头的竞争。但是，在我国现行分业经营制度下，各个行业的业务之间的融合被禁止，金融行业的风险不能有效地分散，不同金融部门的资源也无法整合。长此以往，必将不利于金融业的发展及国际竞争力提高，影响国内金融业的国际地位。

2. 国内监管法律及制度的完善和金融企业的成熟为金融综合经营提供了基础

首先，金融法规的完善和金融监管水平的提升有利于降低金融综合经营的风险。当前，国际相关监管协会对宏观经济政策、风险评价标准和金融监管制度都制定了比较详细和完善的准则，例如由IMF制定的货币与金融政策透明准则；由世界银行制定的有效偿付能力体系的原则指南；由世界会计协会制定的国际会计准则，等等，这些相关准则为宏观经济中风险、收益的评价以及金融各监管部门的监管内容提供了详细的标准和依据。而我国的金融监管不断借鉴先进发达国家的成功经验，使得金融监管水平有了较大的提高。一方面，金融法律更加完善。《商业银行法》、《保险法》和《证券法》在近年来都得到了多次的修订，其中一些法规已经为未来我国综合经营改革埋下了伏笔。另一方面，金融监管也越来越健全。例如，在银行监管方面，对商业银行的资本充足率和拨备覆盖率的监督逐渐增强，有效地提高了我国商业银行的抗风险能力；在保险业监管方面，对保险公司偿付能力的监管不断加强，新的国际先进的偿付能力监管标准也正在被引进，为引导保险公司健康有序的发展打下了良好的基础；在证券业监管方面，新的会计准则和审计准则不断出台，对证券的发行和交易的管理也更加严格，由此为证券市场的健康发展提供了保障。

其次，外部监督机制的完善也为金融综合经营的规范化做好了准备。除了政策和监管层面的完善以外，约束我国金融企业的外部监督机制也日臻完善，这表现在以下几个方面：其一，金融市场发展的实践表明，近年来，法律对金融业违规行为的惩戒力度逐渐加大，使得金融企业违规经营的代价越来越大。其二，我国会计标准的统一和完善有利于加强对金融企业运行的监督。有资料显示，随着会计和审计工作的规范和加强，市场违规行为逐渐减少。其三，上市公司的规范化和公众的舆论监督越来越强大，使得金融公司违规操作的空间不断缩小。外部监督机制成为促进金融企业规范化的重要力量，也为金融综合经营企业的健康发展提供了保证。

最后，国内一部分金融综合经营发展的先行者不断成熟，为我国金融综合经营的发展提供了范本。在我国金融发展的实践中，有一部分金融机构已经率先开展金融综合经营的探索，其中包括平安集团、光大集团、中信集团等金融控股集团。这些金融控股集团经历了多年的金融综合经营的发展实践，已经初步摸索出了一条较为成功的发展模式和经验，这些成功的发展模式和经验可以为其他将要进行金融综合经营的企业提供参考。

（二）金融综合经营的模式将以金融控股公司[①]为主

从世界范围来看，实现金融综合经营的企业组织形式主要可以分为全能银行模式和金融控股公司模式两种。这两种模式都可以通过整合内部不同类型的金融资源、优化资源配置来实现提高协同价值、促进金融创新的功能。基于下述原因，我们认为，未来我国金融综合经营的模式将以金融控股公司为主。

1. 金融控股公司适合于在分业经营基础上的金融综合经营改革

由于在分业经营制度下，金融机构只能经营单一行业中的业务，分业金融监管也只是对单一金融行业的业务进行监管，因此，在此基础上进行金融综合

---

① 此"金融控股公司"是指一个以股权结合起来的金融集团，该集团一般以一个金融机构为控股母公司，以银行、证券、保险等金融机构为子公司。

经营的改革不可避免地存在着金融机构实行综合经营、但监管部门仍然实行单一监管的过渡阶段。在过渡阶段中，由于很难防范金融综合经营所可能导致的风险，必然要求经营多项业务的金融集团内部能够设立"防火墙"制度，即由母公司控股子公司，但母子公司之间以及各公司之间不会产生相关的利益冲突和风险传递等问题。显然，只有各子公司都具有独立法人地位的集团公司才能较好地达到实现金融"防火墙"的效果，而这正是金融控股公司的最主要特征。由此可见，金融控股公司的模式比全能银行的经营模式更适合于我国未来的金融综合经营发展模式。我国在金融综合经营实践中，所有的实行金融综合经营的企业都无一例外地采取了金融控股公司模式，正是基于以上原因。

2. 国际金融控股公司的发展为我国提供了经验借鉴

在我国金融综合经营改革的过程中，国外金融控股公司的发展也为我国金融控股公司的发展提供了宝贵的经验。首先，国外的金融控股公司的内部"防火墙"制度大大降低了金融综合经营的风险。金融控股公司为自身的稳健发展而制定的一系列关于"防火墙"的内部制度，提高了金融集团内部风险管控的能力、加强了企业的自律行为，减少了企业经营的风险。其次，国外对金融控股公司的监管已经成熟。无论是美国的伞状监管架构[1]，还是日本的集中监管架构[2]，都集中体现在对金融控股公司的资本充足率和集团内关联交易的监管，这些都极大地降低了金融控股公司的风险传递和风险集聚的可能性。

3. 国内现有金融控股公司的发展为金融综合经营积累了经验

自我国第一家金融控股公司——中信控股有限责任公司挂牌成立以来，我国金融控股公司的发展已经历了5个年头。目前，一些公司基本已经发展成为具有合理的股权结构和公司治理结构并且具备有效的内部风险管控体系的现代金融集团。例如，平安集团如今就已经形成了以国有股、地方股、外资股、公众股和员工股等为主体的多元化的公司股权结构；形成了通过集团控股，子公司之间分业经营的公司治理结构；还形成了以公司治理机构、公司制度和公司流程这三方面共同构建的内部风险管控的"防火墙"机制。这些举措能够有效地控制集团内部关联交易和风险传递等问题，保障公司的健康发展。可以看

---

[1] 美国的伞状监管架构是指美国联邦储备委员会监管金融控股公司母公司，附属机构分别由功能监管者监管的监管机制。

[2] 日本的集中监管架构是指对金融控股公司及其子公司的监管都由一个综合的监管部门负责。

到,这些年来,我国金融控股公司在逐渐成熟和不断壮大的过程中,保持着健康稳健的发展,这将为我国综合经营积累宝贵的经验,并对未来经营模式的选择产生影响。

(三) 金融监管的完善需要长期的过程

完善金融监管是金融综合经营制度发展的一个重要的组成部分,建立一个好的金融监管机制将会有效地控制金融综合经营带来的风险,并大大降低金融综合经营中的制度成本。但是,无论是从国际经验来看,还是从国内金融监管的发展进程来看,我国金融综合经营的监管完善都将需要一个长期的过程。

1. 金融监管的完善需要长期的市场推动

从国际金融综合经营监管的发展历程来看,英国从1986年《金融服务法》诞生以来,就已经奠定了金融综合经营的格局,但是直到1997年,与金融综合经营相适应的监管部门——金融服务监管局才宣布成立,其间间隔了11年的时间;而日本从1992年金融体制改革开始至1999年改革基本完成的7年时间中也曾多次对银行法、证券法和金融监管部门进行调整和修正。国际上类似的实例还有很多。我们可以发现,在金融综合经营的发展中,金融监管部门的完善是一个长期的过程,这是因为,在金融市场中,新的风险、新的监管漏洞总是不断出现,金融监管部门也不可能完全准确地预料到未来金融业的发展。因此,要完善金融监管,必须要在市场的推动下不断地发现问题,并做出相应的调整。金融综合经营的改革是金融经营制度的一次巨大变革,由此产生的金融产品创新和金融机构创新都可能带来无法预料的风险。因此,在金融综合经营改革中,对金融监管和金融法律的调整到位需要一个长期的过程。

2. 金融监管的成熟需要时间积累

我国当前的金融监管是在金融分业经营制度的分业监管体系中建立的。虽然经过了多年的经验积累,我国监管部门的理论研究水平和风险防范水平也都有了实质性的提升,但是这些经验都产生于分业监管基础之上,而在金融综合经营中对监管水平的要求显然更高,这主要表现在以下几个方面:首先,需要更现代的监管理念。当前,在我国的金融监管中,事后监管、整顿性监管还是主要的工作方式,而在金融综合经营中,则必须要建立以风险监管为本、以资金约束为本的监管理念。其次,监管法规需要完善,监管部门执法水平也需要提高。截至 2006 年 12 月底，我国初步建立了以《中国人民银行法》和《商业银行法》、《保险法》和《证券法》为核心的金融法律体系，但是仍存在某些法律空白，如对金融控股公司等综合经营的监管尚未纳入法律轨道，相关规定还存在着过于简单、可操作性差以及滞后的问题。这些问题都将对金融综合经营中的风险防范产生极大的影响。最后，需要建立金融监管协调机制。我国监管部门之间划定"势力范围"、"各守一摊"的现象比较严重，与综合经营相关的业务至少需要获得两个以上监管部门的批准，这无疑增加了金融综合经营的制度成本。由于当前各监管部门职责缺乏严格界定，相互间缺乏协调，虽然有些地方为了实际工作需要，出台了一些政策，但由于缺乏统一的规定，导致在实际操作中监管部门之间的协调时好时坏。显然，要解决以上这些问题需要我国金融监管部门逐步成熟和完善，而这也是一个相对长期的过程。

结　语

本章从理论准备、政策演变和行业发展这三个方面对中国改革开放 30 年来的金融综合经营演进的历史做了详细的梳理。通过梳理，我们看到，我国金融综合经营的发展始终处于快速的变革中，而且与我国市场经济的发展基本匹配，同时，我国的金融综合经营的发展还始终受到相关政府部门的利益制约。结合我国金融综合经营演变的特点和国际金融综合经营的普遍规律，我们可以得到以下结论：金融综合经营是我国未来金融体制发展的方向；在未来金融综合经营的实现模式方面，金融控股公司将是主要的形式；金融综合经营监管的到位和完善需要一个相对长期的过程。

本章参考文献

1. 蔡曙晓：《西方金融兼业经营制度演进及对中国金融业的影响》，载《金融研究》2000 年第 4 期。
2. 房维中：《20 世纪 80 年代中国经济的发展历程和陈云的经济指导思想》，载《当代中国史研究》，2005 年第 12 卷第 3 期。
3. 胡海鸥、孙慧：《中国金融体制的改革与发展》，复旦大学出版社 2004 年版。
4. 何德旭：《坚持金融业分业经营》，载《中国金融》1995 年第 10 期。
5. 刘鸿儒：《按照经济规律办事　把银行办成真正的银行》，载《中国金融》1980 年第 1 期。
6. 李利明、曾人雄：《1979～2006 中国金融大变革》，上海人民出版社 2007 年版。

7. 李扬：《对金融改革若干理论问题的探讨》，载《金融研究》1994 年第 1 期。
8. 李琰：《针对我国当前金融业向混业经营过渡的几点思考》，载《金融与经济》2007 年第 5 期。
9. 吴丁：《中国金融混业政策大事纪》，载《新财经》2005 年第 11 期。
10. 山东省金融协会监管课题研究组：《转型期的必然选择：混合型金融监管模式》，载《金融研究》1995 年第 11 期。
11. 王海龙：《谈如何推进金融业的分业经营和分业管理》，载《浙江金融》1995 年第 7 期。
12. 王维松：《浅议专业银行企业化管理问题》，载《中国金融》1986 年第 4 期。
13. 徐山辉：《对我国通货膨胀的分析与对策》，载《金融研究》1995 年第 5 期。
14. 熊伟：《中国金融信托业的发展与兴起》，载《金融研究》1994 年第 1 期。
15. 张庆阳：《专业银行之间的竞争与协作》，载《中国金融》1987 年第 12 期。

附录 2-1

中国金融综合经营历史演进大事记

- 1979 年 10 月，邓小平同志在中共省市自治区委员会第一书记座谈会上指出："银行要成为发展经济、革新技术的杠杆，要把银行真正办成银行。"
- 1983 年 9 月，国务院作出《关于中国人民银行专门行使中央银行职能的决定》。中国人民银行成为专门从事金融管理、制定和实施货币政策的金融监管机构。
- 1992 年 10 月，国务院证券委员会和中国证券监督管理委员会宣告成立。
- 1993 年 12 月，国务院公布的《关于金融体制改革的决定》中规定："国有商业银行不得对非金融企业投资。要明确规定各种非银行金融机构的资本数额、管理人员素质标准及业务范围，并严格审批，加强管理。对保险业、证券业、信托业和银行业实行分业经营。"
- 1995 年，《中华人民共和国中国人民银行法》、《中华人民共和国商业银行法》和《中华人民共和国保险法》相继颁布和实施，构筑了中国金融分业经营的法律基础。
- 1999 年 8 月，中国人民银行颁布《证券公司进入银行间同业市场管理规定》和《基金管理公司进入银行间同业市场管理规定》，允许符合条件的券商和基金管理公司进入银行间同业市场,从事同业拆借和债券回购业务。

● 1999年11月,中国保险监督管理委员会正式成立。

● 2000年10月,《开放式证券投资基金试点办法》开始实行,商业银行可以买卖开放式基金,开放式基金管理公司也可以向商业银行申请短期贷款。

● 2001年7月,中国人民银行发布了《商业银行中间业务暂行规定》,首次明确了商业银行可以进行代理证券业务。

● 2003年4月,中国银行业监督管理委员会正式挂牌履行职责。

● 2004年6月,《保险资产管理公司管理暂行规定》开始实施。确定了保险资产管理公司与保险公司之间的权利义务关系以及受托管理保险资金应遵循的一些基本规则。

● 2004年7月,中国银监会依据《银行业监督管理法》和《行政许可法》制定了《中国银监会信托投资公司行政许可事项实施规定》。该规定指出,具备一定条件的境内金融机构和境外金融机构可以向信托公司投资入股。

● 2005年9月,在银监会的推动下,出台了《商业银行设立基金管理公司试点管理办法》,工商银行、建设银行和交通银行分别发起设立了基金管理公司。

● 2005年10月,中共十六届五中全会通过的《中共中央关于制定国民经济和社会发展第十一个五年规划的建议》提出,要"稳步推进金融业综合经营试点"。

● 2006年3月,银监会、保监会两部门会谈达成的未来银保合作三项协议中,尽快推进银行与保险的股权合作成为其中的重要内容。银监会主席刘明康也表示,银监会支持商业银行直接投资设立保险公司,同时也支持国内保险资金投资入股商业银行。

● 2006年1月,新《证券法》开始实施,其中在原来规定坚持"分业经营、分业管理"原则的第六条的基础上加上了"国家另有规定的除外"。这也为金融综合经营留下了空间。

● 2006年9月,中国保监会发布的《关于保险机构投资商业银行股权的通知》中指出:"经国务院批准,保险集团(控股)公司、保险公司、保险资产管理公司可以投资商业银行股权。"

第三章 金融综合经营争论的理论梳理

引 言

前两章分别分析了国际与国内金融业综合经营制度的演变历程、发展趋势,并初步分析了其制度演变的具体原因,其中既有经济、社会和金融市场发展环境的变化,又包含科学技术、监管水平的不断提高,同时也包括基本理论的不断创新。那么,在这些错综复杂的客观环境因素背后,推动金融业综合经营制度演变、决定其具体制度安排以及在这些制度安排下金融业发展的基本格局及其变化发展的根本原因究竟是什么呢?我们认为,只有抓住这根主线,才能更清晰、更透彻地理解世界金融业经营制度历史演进、变化趋势的脉络。而要抓住这根主线,必须从制度供给与制度选择的根本动因入手。

从根本动因来讲,在"经济人"的基本假设前提下,无论是作为金融业经营制度的决定者——监管部门,还是金融业经营制度的选择者——金融机构,两者都是金融业经营制度的供给者[①],决定制度供给的根本原因都是利益的最大化[②]。对于监管者而言,决定其制度选择的根本原因是哪种金融业经营制度更有利于金融业的稳定、健康发展;对于金融机构而言,其制度选择的根本原因是哪

[①] 这是相对于金融产品与服务的消费者——金融业经营制度的最终需求者来说的。在制度演进与制度变迁过程中,相对于制度的供给者——监管部门而言,金融机构是制度的需求者。

[②] 当然,如对"经济人"假设含义的扩展所指出的,这种利益并不是指纯粹的经济上的利益,还包括寻租、个人价值实现等多方面的利益。

种经营制度更有利于实现其自身利润的最大化①。因此，金融业经营制度的选择问题最终归结为制度本身的优劣势问题。

但是，大量关于金融业经营制度优劣势的比较研究②表明：各种经营制度之间并不存在绝对的孰优孰劣问题。关于这一点，并不需要引用具体的理论或文献来加以论证，因为两个基本事实：一是金融业各种经营制度在同一时点上的并存③；二是金融业经营制度的不断演进变化足以说明各种制度之间并不存在严格意义上的孰优孰劣问题。并且，这两个基本事实正好说明了一个问题——各种经营制度具有各自的特点和发挥比较优势的前提，它是与特定的金融、经济和社会发展环境相适应的，是与一定的金融机构规模、经营管理水平等相匹配的。因此，金融业经营制度的选择——从监管层面来说，即综合经营与分业经营制度的选择；从金融机构层面来说，即综合经营与专业化经营的选择，最终取决于综合经营与分业经营两者各自的特点以及发挥相对比较优势的前提。

目前，理论界和实际部门关于金融综合经营优劣势的研究与讨论主要涉及以下问题：综合经营的潜在规模经济、范围经济、风险分散、利益冲突、对垄断与效率以及监管成本的影响等。鉴于此，本章的论述也将围绕这几个方面展开，对这些方面存在的争论进行理论上的梳理，分析这些问题产生的原因是什么、影响的因素有哪些、发挥综合经营的相对优势需要哪些前提条件，从而为监管部门与金融机构的制度选择以及最大限度地消除制度劣势、发挥制度优势提供基本的理论依据。

一、规模经济之争

规模经济或规模不经济是用来衡量一个经济实体的生产（或经营）规模与经济效益之间的相关关系。如果随着金融机构规模的扩大，经营管理效率提

---

① 当然，这只是一种一般的说法或笼统的说法，不同企业其根本发展目标是不同的，主要包括利润最大化、股东利益最大化、企业价值最大化等。有的情况下，如我国在国有企业领导考核体系下，企业规模的最大化或产量的最大化也可能成为企业发展的根本目标。

② 主要是关于综合经营与分业经营优劣势的研究。

③ 这种共存包括两个层面：一个层面是世界范围内各种经营制度的并存，即有的国家选择综合经营，有的国家选择分业经营；另一个层面是一个国家或地区范围内各种经营制度的并存，即有的金融机构选择专业化经营，有的机构选择综合经营。

高,单位产品(或服务)的平均成本降低,我们称之为具有规模经济;反之,则称为规模不经济。但是,在实行综合经营的过程中,伴随着金融机构规模的扩张①,既可能会产生有利于效率提高、成本降低的积极作用,又可能产生导致效率降低、成本提高的消极作用。并且,从经济学的基本原理出发,随着金融机构规模的不断扩大,超过一定的限制,积极作用就会逐渐降低,而消极作用则不断上升。由此可见,金融机构在综合经营的过程中产生规模经济效应的基本前提是根据企业自身的客观条件选择适度的企业规模。

(一) 综合经营过程中金融机构规模扩张的积极作用

在金融企业进行综合经营的过程中,随着规模的扩张,一般能够产生以下几方面有利于提高经营管理效率、降低成本的积极作用。

第一,有利于充分利用企业的剩余生产力,降低产品和服务的提供成本。当企业在现有规模下没有达到满负荷运营时,企业的生产(或经营)存在我们通常所说的剩余生产力,如果企业在这种条件下实行综合经营②,可以在不增加企业的资本、技术、人才、设备等投入的情况下增加产品或服务的提供量,从而可以使企业的生产能力得到有效的利用,提高经营效率,降低产品和服务的提供成本。

第二,有利于提升企业的知名度和信誉度。金融企业规模的扩大,不仅有利于提高企业的知名度,而且将有利于提高企业的信誉度。一方面,由于金融企业规模越大,接触到其产品和服务的消费者越多;同时,企业规模越大,市场影响力就越大,相关宣传和报道将更多、更有影响力,这些都将促进企业知名度的提高。另一方面,在知名度提高的情况下,如果其产品质量好、服务质量高、价格相对比较低廉,那么其信誉扩散效应将更强,能更快地提高企业的

---

① 规模扩张并不是金融企业实行综合经营的必然结果,要利用金融综合经营实现业务规模的扩大需要以下几方面的前提:(1)通过各种融资手段扩充金融机构自身的资本金;(2)充分利用金融综合经营带来的业务范围扩大、销售渠道拓宽、销售服务网点增多、企业知名度和影响力提高等有利因素;(3)以培育和强化核心竞争力为基础,提高企业的综合竞争力,以应对激烈的市场竞争;(4)进行科学的经营管理,避免新业务的失败对传统业务造成的消极影响,避免由于业务范围的扩大而造成经营管理的混乱,导致经营管理效率降低。同时,为了区分规模经济和范围经济,这里讨论的规模仅指发起建立金融集团的原有金融机构的规模,而不是指金融集团的整体规模。例如,如果由原有的保险公司发起建立金融集团,其金融集团的规模可能大于原保险公司的规模,但在金融集团下的保险公司规模可能缩小。

② 否则,在企业已经满负荷运营时,则不应当考虑进行综合经营。

信誉度。而且，更重要的是，金融企业是最强调安全性和稳定性的企业，随着其业务规模的扩大，其安全和稳定性增强，从而能够提高消费者对金融企业的信任感。

第三，有利于企业经营的稳定，提高经营效率。随着金融企业规模的扩大，其业务的波动性将降低，因而将促进企业的稳定经营，提高金融企业的经营效率。

第四，有利于技术进步和产品服务创新。金融企业规模越大，其资金实力越强，对经营管理技术的要求越高，采用和开发先进设备、技术的条件和动力都相对更强，科研投入的力度也就越大，因而其产品和服务创新的能力越强；而且，金融企业规模越大，其通过产品开发和服务的不断创新来维持和提高企业竞争力的动机越强[1]，这些都将有利于金融企业的产品和服务创新。

第五，有利于提高企业综合竞争力。金融企业规模越大，其资金、人才储备、科研开发等实力都越强，从而有利于提高企业的综合竞争力。

（二）综合经营过程中金融机构规模扩张的消极作用

金融企业随着规模的不断扩大，有可能会产生"X－非效率"[2]，使管理效率降低、成本提高，这方面的消极作用表现为：

第一，容易导致管理效率的降低。金融企业规模扩大后，管理层下属的人数和单位数也会随之增加，上下级机构之间、上下级之间、管理者之间及被管理者之间的关系更加复杂，使人际关系复杂化，这些都必然降低企业内部的管理效率。

第二，容易产生"内部人控制"问题。在现代企业两权分离的制度安排下，随着金融企业规模的扩大，将使得企业所有者对企业的控制力度降低，内部人控制力度增强，而企业所有者和经营者的利益通常存在不一致性，这样就

---

[1] 也有研究表明：在市场竞争不充分的条件下，企业可能依靠规模优势获得长期的垄断利润或规模经济效应，以保持长期的市场竞争优势，从而缺乏创新的动力。但是，在市场竞争比较激烈的条件下，金融企业即使可以依靠规模扩张带来的垄断利润或规模经济效应而获得市场竞争优势，也有很强的动力进行产品和服务创新，以获得更大的市场竞争优势。

[2] "X－非效率"是美国哈佛大学教授勒伯斯坦提出的反映大企业内部效率及水平状况的一个概念，用来形容大企业由于外部市场竞争压力小，内部层次多，关系复杂，机构庞大，加上企业制度安排方面的原因，使企业费用最小化和利润最大化的经营目标难以实现，导致企业内部资源配置效率降低的现象。同时，"X－非效率"用来描述企业的"内在不经济"现象，不仅仅指由规模扩张导致的效率低下，也指由于范围扩张导致的效率低下问题，是对内在不经济现象的一种综合描述。

容易引起企业经营者对所有者利益的偏离，在经营过程中不顾企业所有者利益，片面追求自身利益，如盲目追求规模的扩大，进行过度投资，导致企业利润费用化，侵蚀企业利润等。

第三，容易产生信息传递失真，造成决策失误。金融企业规模扩大后，管理层次和幅度都不断提高，容易引起信息传递链条过长，将不可避免地产生信息的泄漏、扭曲、失真等现象，从而严重影响决策的信息依据的准确性以及决策执行的效果[①]。

(三) 规模经济与规模不经济之争

金融综合经营过程中金融机构规模的扩大对于管理效率和生产成本既有可能带来有利的因素，也有可能产生不利的影响，那么，最终金融机构的规模扩张是会产生规模经济效应还是规模不经济效应呢？是否存在一个明确的临界点[②]——适度规模呢？

1. 存在性之争

对于金融业是否存在着规模经济效应，无论是国内还是国外，大量的理论与实证研究并没有得到一致的结论。对于金融业规模经济的研究中，对于银行业的研究最多。从国外研究情况来看，Murray 和 White（1983）、Lawrence 和 Shay（1986）的研究表明，银行业存在规模经济现象，Hunter、Timme 和 Yang（1990）的研究则证明，银行业不存在规模经济现象。Berger 等（1993）、Humphrey（1990，1985）、Clark（1988）、Kolari 和 Zardkoohi（1987）等的研究结果说明，小型零售银行的平均成本曲线呈平滑的 U 型，这可能就意味着小型银行存在规模经济，规模不经济主要体现在中等规模的银行上。但是，Tichy（1990）又指出，几乎没有相关的研究能够提供明确的证据来说明大银行是否存在规模经济。

---

① 根据信息学原理，信息传递的链条越长，中间经过的节点越多，信息失真的可能性和程度越大。

② 规模经济与规模不经济在长期成本曲线上分别表现为曲线的向下倾斜与向上倾斜，长期成本曲线的最低点称为厂商的最小最优规模。而且，对于一个经济实体的生产（或经营）规模而言，可能存在多个"适度规模"，从长期成本曲线来看，即存在多个极小值点。因此，随着规模的扩大，其到底处于规模经济阶段还是规模不经济阶段，取决于其处于长期成本曲线的向下倾斜阶段还是向上倾斜阶段。在成本曲线上，极小值点即企业规模的临界点，其对应的企业规模为适度规模，在达到适度规模后，企业规模的进一步扩张将使企业从规模经济效应阶段进入规模不经济效应阶段。

从国内研究来看，赵旭等（2001）和易纲（2001）等人的研究表明，银行规模与银行效率并不正相关。但是，刘伟（2002）的研究表明，银行业存在规模效益递增现象，银行的长期平均成本曲线呈 U 型，但比一般行业可能更为平坦。于春良等（2003）对中国银行业的市场结构与绩效的实证研究结果也表明，中国银行业存在规模经济效应，但是，最大银行的规模经济效应不明显。效益最好的银行不是规模最大的银行，而是规模适中的银行。

我们认为，这种结论上的差异，既有对于规模与效益衡量指标、样本等选取差异方面的原因，也有模型选取、计量方法方面差异的原因。但最根本的原因是，金融机构规模的扩张将同时产生积极作用和消极作用，其最终结果如何取决于两者谁占主导地位。

2. 适度规模之争

虽然金融企业规模的扩张并不存在确定的规模经济效应，但是，是否存在一个明确的适度规模呢？即在这个适度规模的临界点之前，将会产生规模经济效应，在临界点之后将产生规模不经济效应。然而，对于适度规模是否存在、具体适度规模是多大，也同样存在着激烈的争论。

早期许多有关银行规模经济的文献都认为银行的平均成本曲线呈现较平坦的 U 字型。相对于规模很大或很小的银行而言，中等规模的银行较具规模效率。但是这些文献并未指出银行在何种规模之下可以达到最低平均成本。而后来 Berger 等（1987）、Ferrier 和 Lovell（1990）、Berger 和 Humphrey（1996）以及 Bauer 等（1995）的研究发现，无论是针对资产总额在 10 亿美元以上的大银行，还是针对以各种资产规模分类的银行，结果都显示，资产总额介于 7 000 万~3 亿美元之间的银行，其平均成本最小。

但是若只以资产总额超过 10 亿美元的银行作为样本，则发现资产总额在 20 亿~100 亿美元之间的银行可能达到平均成本曲线的最低点（Hunter & Timme，1986，1991；Noulas 等，1999；Hunter 等，1990）。Noulas 等（1990）、Buono 和 Eakin（1990）及 Benston 等（1982，1987）的研究则表明，不论是用传统规模经济或是用扩大型规模经济来衡量，资产总额在 30 亿美元以上的银行都出现过规模不经济的情形，但并不显著。

这些研究与争论都表明，并不存在确定的、普遍适用的适度规模，各国金融市场发展环境、经营制度安排以及金融企业本身的生产、经营、管理能力的不同，都将导致金融企业的最优适度规模不同。

(四) 规模经济与规模不经济: 适度规模

综合前面所述,在实行综合经营的过程中,金融机构规模的扩张并不会必然产生规模经济效应,也不存在明确的适度规模的临界点。因此,金融企业在综合经营过程中,要获得规模经济效应,其根本前提是要根据企业自身的客观条件选择一定的适度规模。金融企业本身的条件、特点、经营管理能力、所处发展阶段和环境等方面的不同,将导致其适度规模不同。具体而言,影响金融企业适度规模的因素主要包括以下两个方面。

1. 企业的剩余生产能力

充分利用金融企业的各种资源,提高资源的利用效率,是发挥规模经济效应的重要前提。因此,要衡量金融企业规模是否适度,首先要衡量金融企业资源的利用效率,即其生产能力是否得到了充分利用,是否存在剩余生产能力以及剩余生产能力的大小。如果企业资源没有得到充分有效的利用,则说明规模扩张将有可能产生潜在规模经济,否则,则会导致企业的超负荷运行,可能产生潜在的规模不经济。而决定金融企业剩余生产能力的因素又包括资本金充足率、人才储备、产品开发能力、销售渠道和网络等各方面的因素。

2. 企业的经营管理能力

金融企业经营效率的高低,一个重要的决定因素就是企业的经营管理能力,企业的经营管理能力强,就能有效防止企业规模扩大给经营管理带来的挑战,防止出现管理混乱、效率低下的状况发生,从而有利于规模经济效应的发挥。企业的经营管理能力则取决于管理者水平、内部管理与控制制度的完善程度、信息技术水平等。

因此,金融企业适度规模的选择,需要全面衡量和考虑企业的资本充足率、人才储备、产品开发能力、销售渠道和网络、管理者水平、内控制度、信息技术水平等各个方面的因素,根据企业的具体情况选择合适的规模。

二、范围经济之争

范围经济这个概念是由 Panzar 和 Willig (1981) 最早提出的,它是指当企业的生产经营范围扩大的时候，平均成本下降这样一种经济现象。在金融企业实行综合经营的过程中，必然伴随企业经营范围的扩大。但是，金融企业经营范围的扩大不仅可能产生有利于提高企业经营效率管理的积极作用，而且可能带来导致企业经营效率降低的消极影响，最终结果如何，取决于由企业规模扩大所产生的范围经济效应和范围不经济效应这两者谁占主导地位。

（一）综合经营过程中经营范围扩大的积极作用

在金融企业进行综合经营的过程中，企业经营范围的扩大，对于企业经营管理效率往往会产生多方面的积极作用，其中主要包括：

1. 充分利用销售渠道和网点，有利于降低经营成本

在综合经营条件下，金融集团下的各个金融机构能够相互利用其销售渠道、网点，进行产品销售和售后服务提供，提高渠道和网点的利用效率，降低金融企业的经营成本。

2. 业务多元化有利于分散经营风险、促进经营稳定

各种金融业务的风险和收益特性不同，通过经营多种金融业务，能够使业务收入来源多元化，同时能够根据金融市场环境变化及时对业务组合进行调整，这些都将有利于分散金融企业的经营风险，促进经营的稳定。

3. 提供多样化的产品与服务，有利于提高综合竞争力

金融企业通过进行综合经营，能够整合金融集团内各个金融机构的资源，同时为客户提供多样化的产品与服务。通过提供多样化的产品与服务，一方面能够使经营管理成本在各个金融产品和服务之间进行分摊，降低金融企业的产品和服务的成本；另一方面，能够降低客户的信息搜索、业务谈判等交易费用，从而使得企业和消费者都获得收益，提高金融企业产品和服务的市场竞争力。

4. 通过信誉溢出效应，有利于有效利用客户资源

如果某一金融企业在其行业内已经树立了很好的市场形象，拥有庞大的客户资源，在实行综合经营的过程中，其品牌和信誉将很容易延伸到其他金融业务中去，使其他金融业务同样能够获得公众的信赖，从而能够充分利用原有的

客户资源，迅速发展新兴业务。

5. 充分利用信息资源，有利于提高经营效率

在金融企业进行综合经营的过程中，能够实现金融集团内各个金融机构的信息共享，包括客户资源信息、市场竞争信息等，大大降低信息的搜索成本；同时，通过综合分析不同渠道反馈的信息，将提高信息的准确性、全面性，从而便于金融企业作出正确的经营决策，提高经营效率。

（二）综合经营过程中经营范围扩大的消极作用

但是，在金融企业业务多元化的过程中，同样也可能产生不利于提高经营效率的消极作用，这主要包括以下三方面。

1. 可能导致核心竞争力丧失

一方面，企业的管理精力、资源和资本投入等都相对有限，在金融企业业务多元化的过程中，必然会分散对原有业务的经营和管理的精力以及资金、设备等的投入，从而有可能降低原有业务的竞争力；另一方面，在金融企业进行综合经营的过程中所可能产生的风险传递效应和利益冲突现象，都会构成对传统业务竞争力的潜在威胁。

2. 可能产生风险传递效应

由于在金融企业综合经营过程中，所有业务都是在一个金融集团或者一个品牌下进行经营的，其中一个业务、一个金融机构的经营好坏往往会影响到其他业务、其他金融机构的经营效果，影响到金融集团的经营绩效，也就是说，存在"一荣俱荣，一损俱损"的传递效应。

3. 可能造成管理效率低下

在金融综合经营情况下，金融集团内部各个金融机构可能存在不同的文化氛围、传统、运营机制和经营目标，对其进行统一管理协调的难度必然提高。如果管理者的管理水平和能力有限，内部管理机制不完善、不健全，不能很好地协调各个金融机构之间的差异和利益冲突，将不可避免地导致企业内耗严重，降低企业的经营管理效率。

▰▰▰ （三） 范围经济与范围不经济之争

如前所述，金融企业在综合经营过程中，对于企业经营效率的提高将同时产生积极作用和消极影响，因此，理论和实证研究关于金融业范围经济存在性问题的研究结果存在很大的争论。以银行业为例[①]，Cebenoyan（1990）的研究认为，银行的活期存款、定期存款、房地产贷款、按揭贷款和商业贷款五项业务之间存在显著的范围不经济。Tseng（1999）的研究表明，美国加州银行业在存款和贷款业务上不存在范围经济。Hughes（1990）、Glass 和 Mckillop（1992）认为多元化不能降低成本。Pulley 和 Braunstein（1992）、Hunter 和 Timme（1995）则相信银行的成本函数具有次加性，也就是说，多元化经营可以节省成本。杜莉等（2002）对中国银行业的研究表明，分业经营造成国有银行的范围不经济，四大国有商业银行的范围经济性明显高于新兴的股份制商业银行。

▰▰▰ （四） 范围经济与范围不经济：主要影响因素

既然金融企业业务的多元化并不必然产生范围经济效应，那么，影响或决定金融企业在实行综合经营过程中产生范围经济效应或范围不经济的因素有哪些呢？其具体影响和作用机制如何呢？以下我们将对影响范围经济效应的因素及其作用机制进行具体分析，从而为金融企业实行综合经营过程中如何选择"适度范围"、有效利用业务多元化的积极作用、防范和降低消极影响提供基本的理论参考。

1. 资产专用性

对于金融综合经营而言，金融业各行业的资产专用性程度在很大程度上决定了综合经营产生的范围经济效应的大小。资产专用性程度越低，各行业间共同利用相同资源的可能性越高，各个行业之间的资源整合也越容易，使得资源利用效率提高，从而综合经营产生的范围经济效应就越大；反之，金融各行业之间的资产专用性程度越高，可能产生的范围经济效应就越小。

---

① 如前面对于综合经营的规模经济与规模不经济的争论，其研究和争论的焦点主要在银行业，对于保险和证券等行业的研究相对很少，所以只能以银行业为例。

具体来说，对于金融各行业——银行业、保险业、证券业、信托业等行业而言，其最重要、最核心的资产（或生产要素）主要包括资本、企业家才能和信息资源。20世纪80年代以来，随着金融自由化、一体化程度的不断提高，金融创新的日新月异，各金融行业之间的交叉性、互补性越来越强，各金融业之间的边界也越来越模糊，导致金融资产专用性程度不断降低，而且目前仍然呈不断弱化的趋势，金融业各行业之间跨业经营的进入和退出壁垒不断降低，综合经营的潜在范围经济效应越来越大，这也是各个金融业回归综合经营制度的一个重要现实动因[1]。

但是，资产专用性程度低是产生范围经济的一个重要前提条件，而并不是充分条件。如果这些通用性程度很高的资产得不到充分合理的利用，不仅不能产生范围经济效应，反而会产生范围不经济效应。由于银行、保险、证券等行业的资本专用性程度很低，很容易将资本在各行业之间划拨、配置，如果资本调配、配置不当，则很可能产生金融风险。例如，银行储蓄的安全性要求是放在首位的，但若金融集团为了盲目追求资产的高收益，使大量银行储蓄通过证券投资进入资本市场，则很可能导致资产负债的不匹配，加剧投资风险。同样，虽然金融企业家管理才能的专用性程度很低，但是，如果随意将高管人员在各行业之间调配，同时不顾各行业自身的特点，盲目地套用经营管理经验，则很可能会导致经营管理的失败。

因此，要利用金融资产专用性程度低的优势，创造综合经营带来的范围经济效应，就必须有效地整合集团内各金融机构之间的资源，将集团的金融资产在各行业之间进行统一的、科学合理的配置，以提高金融资源的利用效率。

2. 协同效应

协同效应是指在企业并购中，并购后企业整体效益大于并购前各个企业独立经营的效益之和的现象。谋求协同效应是企业并购的主要动机和并购活动收益的最终来源[2]。但是，这里所要分析的协同效应并不仅仅指并购过程中产生

---

[1] 其中，孙振峰（2000）认为，金融自由化是世界金融业从分业经营转向混业经营的内在动因；叶辅靖（2000）认为，在金融全球化背景下，由于综合经营国家的金融机构在国际竞争中相对于实行分业经营的国家金融机构的竞争优势，迫使实行分业经营的国家也实行混业经营的改革；王元龙（2000）认为，金融创新的发展使商业银行和证券业之间的业务界限逐渐消失，是导致混业经营的一个重要原因。

[2] 协同效应产生的一个重要原因就在于购并企业资产的专用性程度降低，通过对专用性资产的有效利用，提高企业的综合经营效率。因此，从本质上来说，协同效应就是综合经营过程中的一种重要的范围经济效应。

的协同效应，而是指金融企业在综合经营过程中，通过对金融集团内部资源的整合和有效利用，金融集团的整体效益大于各个金融企业独立经营的效益之和的现象。对于金融企业来说，金融综合经营产生的协同效应主要包括财务协同效应和管理协同效应两方面。

如同前面对资产专用性的分析，协同效应并不是金融综合经营的必然结果。在金融综合经营过程中要产生协同效应，其前提条件是对金融集团内部资源的有效整合、合理配置和充分利用。

3. 信誉溢出效应

信誉溢出效应，也称品牌效应，它是指在多元化经营过程中，一个企业或产品已经建立的市场信誉或品牌可以迅速推广运用到其新企业、新产品或服务中去的现象。对于金融业而言，实行综合经营的金融企业，可以将其在本行业建立的良好的市场形象和信誉运用到其新涉及的金融业务中，有利于新业务的迅速成长。

信誉溢出效应的产生主要来源于两个方面：一是消费者的消费惯性。如Besanko、Dranove和Shanley（1996）所指出的，消费者通常会应用过去的购买经验去推理同一品牌下另一新产品的服务或质量[①]，具有品牌忠诚的消费者倾向于认为同一品牌之下另外的产品也会令人满意。二是广告的范围经济效应。以某一核心品牌为基础进行宣传推广，能够集中资源对该品牌进行宣传，有利于提高产品的知名度。在此基础上通过消费者的消费惯性，还能够将这种广告效应推广到这一品牌下的其他业务，从而产生广告上的范围经济效应。

但是，如同任何事务都具有利弊的双重性一样，信誉溢出效应也是一把"双刃剑"。所谓"成也萧何，败也萧何"，一个企业或一个品牌的"美誉"可以通过信誉溢出效应得以扩散，一个企业的"不良记录"或"不良形象"也可以通过信誉溢出效应得以扩散。

因此，金融企业在综合经营过程中要利用信誉溢出效应产生范围经济效应，就必须以强化核心竞争力为前提，不断提高其优势业务的核心竞争力，不断强化其市场形象、提高企业信誉度，这是利用信誉溢出效应的前提。由此可见，金融企业不应盲目地进行业务多元化，希望通过信誉溢出来获得消费者对

---

① 也就是说产生Besanko、Dranove和Shanley（1996）所提出的伞品牌效应（Umbrella Branding Effect）。

新业务的信任。这是因为,消费者对品牌的忠诚度是有限的,如果新产品或服务没有达到消费者对其品牌的预期或者产品与服务质量很差、性价比很低,消费者不仅将放弃选择这种新产品或服务,而且还会将降低对其原有品牌的忠诚度。这就要求金融企业在综合经营过程中,必须提高新产品或服务的质量与性价比,通过新产品与服务来不断提高和强化企业或品牌的市场形象与信誉。总之,要充分发挥信誉溢出机制,就必须以强化核心竞争力为基础,不断提高企业的综合竞争力[1]。

三、风险分散之争

金融综合经营的风险分散效应[2]是指在金融企业业务多元化过程中所产生的有利于降低金融企业风险的效应。金融企业实行综合经营,将不仅影响金融机构的经营效率,而且影响到金融企业面临的风险的性质和程度。但是目前对于金融综合经营是有利于金融企业风险分散,还是将加剧金融企业的风险仍然存在很大的争论。

(一) 金融综合经营有利于风险分散的因素

在金融综合经营过程中,通过资产和业务的多元化组合能够有效降低金融企业风险,而随着金融企业规模的扩大,也能够提高企业的抗风险能力,理由如下:

1. 资产组合的风险分散效应

Markowitz(1952)的资产组合理论指出,通过分散投资可以有效降低投

---

[1] 曾康霖、虞群娥(2003)认为,以客户为中心的经营理念成为银行业形成核心竞争力的指导思想,是导致多元化和专业化并存的原因。在多元化经营情况下,未必每种金融产品和服务的质量都高、价格都便宜,如果金融综合经营的企业在服务和质量上总是参差不齐,导致客户消费金融产品、享受金融服务的"参与成本"提高,将会导致消费者放弃"金融百货超市",转而去某种"金融商品的专卖店"。因此,银行在业务多元化过程中,不能削弱和放弃传统的银行业务,相反还应当强化和发展传统的银行业务,以传统业务为基础提供多种服务。

[2] 这里所说的风险分散是对降低风险程度的一种笼统的说法,包括降低风险程度的多方面,而不是严格意义上"分散"的概念,如后面将要提到的金融综合经营导致金融企业综合实力的提高,将有利于提高金融企业的抗风险能力,就不是严格意义上的风险分散效应。

资的风险[1]。在金融综合经营的过程中，金融机构可以打破各个金融市场之间的分隔局面，促进资金在各个金融市场之间的流动，从而有利于资产的有效组合配置，提高资金的运用效率，降低金融企业资产面临的风险。

2. 业务组合的风险分散效应[2]

业务组合产生的风险分散效应其本质上是资产组合的风险分散效应的另外一种表现或作用形式。业务组合的风险分散效应的基本原理也是利用各个金融业务之间收益和风险的非完全正相关性来降低金融企业业务经营的风险。金融企业在金融综合经营的过程中，通过业务的多元化，能够有效地应对金融市场环境、金融产品和服务需求变化给金融企业带来的风险。一方面，利率、通货膨胀等因素变动对于各个金融产品的影响是不同的，通过业务的多元化，可以化解利率和通货膨胀变动给金融企业经营效果带来的风险；另一方面，金融市场环境的变化以及消费者需求的变化，可能导致对金融产品和服务的需求发生变化，金融企业通过多元化经营，可以有效应对金融市场环境的变化，及时作出业务结构和发展战略的调整，化解金融风险。

3. 规模扩张使抗风险能力增强[3]

综合经营有利于金融企业规模的扩大，随着企业规模大扩大，其风险抵抗能力也随之增强。

（二）金融综合经营不利于风险分散的因素

在金融企业进行综合经营的过程中，由于金融集团内部各金融机构的资

---

[1] 基本的资产组合原理表明，只要两种资产的风险和收益不完全相关，通过两种资产的有效组合，就可以在保持投资预期收益不变的前提下降低投资风险，或者说在保持投资风险不变的前提下提高投资的预期收益。Markowitz（1952）和 Sharpe（1992）的研究认为，分散投资是稳定报酬的主要方法。

[2] 蔡浩仪（2002）指出，混业经营相对于分业经营具有一阶随机优势（在风险一定的前提下，预期收益相对较高）和二阶随机优势（在预期收益一定的前提下，风险相对较小）。

[3] 这里所说的规模与前面对于规模经济与规模不经济效应的分析中所指的规模含义不同。这里所说的规模不仅指发起实行综合经营的原企业的规模，而是指在实行综合经营后整个金融集团的规模。一般来说，金融企业实行综合经营的过程中，通过财务杠杆效应（即通过持有某一公司低于100%股权的形式来控制该公司），有利于企业规模的扩大。规模扩张导致抗风险能力增强的一个简单原理是在收益变动的方差（或标准差）一定的前提下，企业规模越大，预期收益的平均值越大，从而导致变异系数（=标准差/平均值）降低。

金、业务联系增强，各个金融机构规模扩大导致集团内部关系复杂化、利益不一致，这些都将给金融集团带来潜在风险，从而加大金融集团面临的风险。

1. 风险传递效应

金融综合经营产生的风险传递效应是指金融集团内部由于各金融机构之间资金和业务的联系，导致一个金融机构的风险传递到金融集团内其他金融机构的现象。这种风险传递效应既包括真实风险传递效应，也包括心理风险传递效应。真实风险传递效应是指集团内一个金融机构的风险通过真实的资金和业务关系而传递到其他金融机构的现象。例如，金融集团内各个金融机构之间通常存在经常的资金往来和相互持股现象，如果一个金融机构的经营陷入困境或破产，从而不能维持与其他机构的资金关系，导致集团内部的资金链出现脱节，这将有可能使其他机构的资金出现危机。心理风险传递效应是指一个机构经营或资产产生的风险通过前面所述的"信誉溢出效应"影响到公众对于集团内其他金融机构的信心，从而造成金融集团整体危机的出现。

2. 风险集聚效应

风险集聚效应是指金融集团内部由于金融机构之间的风险转移而导致风险得不到及时控制而产生大规模风险爆发的现象。例如，当金融集团内部的保险公司出现亏损、即将发生破产危机时，在保险公司独立经营条件下，通过其自身的破产即可防止风险和损失的进一步扩大；但是金融集团为了维持其稳定性和市场形象，通常会对其亏损进行转移或者调用其他金融机构资金对其继续注资，如果这种情形不断持续，将会影响到整个集团的经营绩效和偿付能力，最终形成整个金融集团的巨大风险。

3. 利益冲突风险

利益冲突风险是指金融集团内部各金融机构由于利益的不一致而造成的经营目标上的冲突，如果不能得到有效的协调和控制，将有可能给企业经营或消费者利益所造成的风险。

4. 财务杠杆风险

财务杠杆风险又称为资本重复计算风险。它是指在实现综合化经营的过程中，由于资本的重复计算、监管缺位或不同业务单元对财务杠杆要求的不一致等原因而造成企业的实际偿付能力不足的风险。在企业利用财务杠杆进行规模扩张的过程中,一方面虽然有利于金融企业的资本扩张,提高单位资本的利用效率,但另一方面对于金融企业的风险也存在放大效应,一旦风险发生,将通过杠杆效应给金融业造成巨大的风险。

(三) 风险分散与风险加剧之争

与有关综合经营的规模经济和范围经济的争论相似,不同学者、不同的研究对于综合经营将降低金融企业风险还是提高金融企业风险持有不同的观点、得出了不同的研究结论。一般而言,分业经营的支持者认为,金融综合经营将加大金融业的风险,可能导致金融危机;而综合经营的支持者则认为,金融综合经营将有利于风险分散,降低金融业的风险。而且,两者都有相应的理论和实证研究做支持。

例如,1933 年美国颁布的《格拉斯—斯蒂格尔法》最根本的立法动机就是通过实行分业经营隔离银行业与证券业的风险,降低金融风险,这是有关综合经营会加剧金融风险,可能导致金融危机的观点的反映。但是,White(1986)则认为,引起金融危机的根本原因不是混业经营扩大了风险,而是美联储见死不救、决策失误。不仅如此,他还发现证券分支机构或债券部门的存在不但不会对包括银行在内的金融机构的倒闭产生影响,甚至还会降低金融机构倒闭的可能性。Kroszner 和 Rajan(1994)的研究也进一步证实,1933 年的银行倒闭与银行从事证券业务并没有直接的联系。

Boyd 和 Graham(1988)利用 1971~1984 年间的会计资料与股票市场中的报酬率等数据进行模拟合并检验,其研究显示,银行业进入人寿保险公司能够降低银行风险;但是对银行业与财产/责任保险公司合并的研究却出现了相互矛盾的结论:使用股票市场报酬率资料显示出会降低银行风险,而使用会计资料分析却显示出将提高银行风险。此外,Boyd 等(1993)为了测试不同金融业务之间的关联性,对当时美国的银行、证券公司和保险公司之间进行随机的模拟合并测试,发现银行和保险公司合并后的风险水平小于原来银行的风险,而银行和证券公司或房地产公司之间的合并则会显著加大风险。Saunders 和 Walter(1994)发现了最支持银行跨业经营的证据,他们进行的风险模拟表明银行、保险和证券业务的组合因为业务收入现金流之间的不相关性高,能够产生更加稳定的现金流。Kwan(1997)发现,专业银行可以通过混业经营来分散风险;Barth 等(2000)指出,对商业银行从事证券业与持有非金融公司股份的限制越严格,银行遭遇风险的可能性越大。

但是，与综合经营的规模经济和范围经济效应不同，综合经营产生的有利于风险分散的因素和不利于风险分散的因素是并存的，它们从不同的方面对金融企业所面临的风险产生作用，两者不能相互抵消、简单综合，也就是说，不存在有利的影响与不利的影响孰大孰小从而可以决定综合经营最终是降低还是增大金融企业风险的问题。

（四）金融综合经营的风险防范控制机制

由于金融业与国家经济发展和人民生活息息相关，金融业的安全关系到国家经济社会的稳定，安全性应被置于金融业发展最重要的地位之上。因此，建立有效的风险防范和控制机制是进行综合经营的首要前提。具体来说，金融综合经营风险的防范和控制可以从以下两个方面入手：

第一，强化外部监管机制。一是建立完善的法律法规制度，对金融集团的内部交易、亏损转移、报表合并、资本计算等进行严格规定[1]，从而建立金融集团内部的"防火墙"制度，防止金融风险的传递与扩散；二是建立有效的监管体系，避免出现监管真空和重复监管现象；三是建立有效的风险指标体系和预警机制，对金融集团的风险进行及时监控；四是建立风险评级制度，提高监管机构和消费者对金融机构风险的认识，并提高企业对自身风险的认识。

第二，建立完善的内部风险管控体系。一是要明确金融企业的风险管理目标；二是要建立完善的风险识别、预警、控制和处理机制；三是要培养高素质的风险管理人才；四是完善金融集团内部组织结构和管理制度，建立"防火墙"制度，防止集团内部各金融机构风险的传递，防止利益冲突风险的发生。

四、垄断与效率之争

关于金融综合经营对于金融市场竞争格局和经营效率的影响，理论和实证研究同样存在争论，分业经营的支持者认为金融综合经营将导致"金融航母"的产生，将加剧金融市场垄断，不利于金融市场的竞争和效率提高；而综合经

---

[1] 目前，我国在这方面最明显的法律制度空缺就是没有专门针对金融控股公司的法律，当前我国实际上已经存在光大、平安、中信等多个金融控股集团，但是却没有相应的专门法律。因此，加快金融控股公司的法律制度建设和完善将是我国金融综合经营的一个重要制度条件。

营的支持者则认为金融综合经营将打破各个分离的金融市场原有的竞争格局，促进市场竞争，同时可能产生潜在的规模经济和范围经济，有利于提高经营效率。我们认为，产生这种争论的主要原因在于，金融综合经营对于市场竞争而言是一把"双刃剑"，既可能产生垄断效应，从而不利于经营效率的提高；也可能产生竞争效应，从而有利于效率的提高，而且两者同时发生，不能直接简单地相互抵消。

（一）金融综合经营对市场竞争的影响

金融综合经营对于市场竞争的影响包括垄断效应与竞争效应这两种效应。

金融综合经营过程中的垄断效应主要是指两个方面：一方面，金融综合经营一般有利于金融企业规模的扩大，市场的知名度和影响力都将提高，资本实力大大增强，这将使那些大规模的金融机构对市场的控制力提高，从而促进市场垄断；另一方面，金融综合经营过程中，金融企业通过提供一揽子产品和服务，提高其产品和服务的综合竞争力，由此增强客户对于其产品和服务的依赖性，金融企业在与客户的谈判中地位相对上升。这些都会提高金融企业对市场的影响力和控制力，提高市场的垄断程度[①]。垄断程度的提高将不利于金融市场的竞争，妨碍经营效率的提高。

金融综合经营同样会产生竞争效应。因为允许金融各行业的跨业经营，将促进各行业之间的交叉进入，增加金融市场的主体数量，改变原有金融市场的竞争格局，促进市场竞争。

（二）金融综合经营对市场效率的影响

金融综合经营对于市场效率的影响主要通过直接影响和间接影响这两个途径。

金融综合经营对市场效率的直接影响是指选择综合经营对于金融机构经营效率的影响。如前所分析，金融综合经营可能产生潜在的规模经济和范围经济，虽然综合经营的规模经济和范围经济效应并不明确，但是其至少存在产生

[①] 当然，由于随着金融企业规模的不断扩大，将最终出现规模不经济和范围不经济现象，这就有效地约束和抑制了金融企业规模的无限扩张。但是，这只能缓解金融综合经营产生的垄断效应，并不能完全消除。

规模经济和范围经济的可能性，而且大量金融企业通过进行综合经营，确实提高了其经营效率，降低了经营成本，这是金融综合经营对于提高市场效率的有利因素。

金融综合经营对市场效率的间接影响是指由于金融综合经营对市场竞争产生的影响而对市场效率产生的影响。对于这一影响的讨论存在更大的不确定性与争论，主要集中在以下两个方面：首先，由于金融综合经营对于市场竞争将产生垄断效应与竞争效应，两者孰占主导地位存在不确定性；其次，金融市场结构对于经营效率的影响也存在不确定性。以银行业为例，Demirgnc，Kunt 和 Harry，Huizinga（1999）对 80 个发达国家及发展中国家 1988~1995 年间的银行状况作了实证分析，发现银行市场集中度与银行利润率呈正相关关系；而王栋、王静然（2000）则认为，我国商业银行集中度与回报率是背离的，银行集中度越高，效率越低；刘伟、黄桂田（2003）则认为，银行业市场结构并不是影响我国银行业效率的关键因素。

（三）防止垄断促进效率的市场机制

为了有效促进市场竞争，防止金融市场的垄断，关键是要建立有效的市场准入与退出机制和市场竞争机制。对于市场准入与退出机制而言，首先要建立科学有效的市场准入与退出的指标体系，并严格执行标准，使市场准入与退出有据可依，让金融市场需求与竞争自动引导市场主体的进入与退出；其次是要建立有效的市场退出机制，保护客户的利益，防止金融机构的破产与退出引发金融危机，以保证金融市场稳定。而要建立有效的市场竞争机制，则首先要强化信息披露制度，防止金融集团利用内部信息优势损害客户利益，或者造成监管信息失真或造假；其次是要对垄断经营行为进行法律限制，防止金融集团利用谈判地位优势给客户利益造成损害；最后，要防止不当竞争行为，有效促进市场竞争秩序。

五、利益冲突论

利益冲突问题是关于金融综合经营制度优劣势的讨论中一个比较受关注的问题，虽然一般认为利益冲突是金融综合经营不可避免的现象，但是对于利益冲突风险是否产生、产生的原因是什么、如何进行防范尚没有统一的认识。而且，目前国内学者关于金融综合经营可能产生的利益冲突问题的讨论一般都没有将利益冲突与利益冲突风险进行区分，混淆了两者之间的区别，更加模糊了大家对金融综合经营利益冲突问题的认识。下面主要对利益冲突以及利益冲突风险的概念、种类、产生原因及防范机制进行系统的梳理。

（一）金融综合经营中的利益冲突与利益冲突风险

1. 金融综合经营中的利益冲突

只要存在多个利益相关的经济主体，并且它们之间的利益存在不一致性，就会产生利益冲突问题。

对于金融综合经营而言，其利益冲突的产生主要源于银行、保险、证券、信托等各个金融机构之间以及各金融机构与金融集团之间利益上的不一致性[①]。例如，银行的基本利益是收取本金和利息；保险公司的基本利益是赚取保费收入和获取投资收益；证券公司的基本利益是获取证券承销发行和证券投资利益；信托公司的基本利益是收取信托管理费用；金融集团的利益是利润的最大化。

金融综合经营中产生的利益冲突可以分为三种：一是金融集团或金融机构与客户之间的利益冲突；二是金融集团内部各金融机构之间的利益冲突；三是金融集团与内部各金融机构之间的利益冲突。

2. 金融综合经营中的利益冲突风险

利益冲突风险是指由于各经济利益主体利益上的不一致而产生的以牺牲一方或多方利益主体的利益为前提而谋求其他利益主体利益的风险。这里包含两层含义：第一，各经济主体利益的不一致是利益冲突风险产生的前提。如果没有利益的不一致，就没有利益冲突，更不会产生利益冲突风险。第二，利益冲突的存在并不必然导致利益冲突风险的发生。因为要通过以牺牲一方或多方利

---

① 实际上，在金融企业进行综合经营的过程中，其金融集团主要涉及的经济主体包括股东、管理者、员工、客户，同时金融集团内部还涉及金融集团（或母公司）以及各个金融机构（子公司）等经济主体，由于金融企业本身涉及的股东、管理者、员工和客户之间，以及母公司与子公司之间的相互利益冲突问题不是金融综合经营过程所特有的，已经存在大量的相关研究，因此，这里主要讨论在金融综合经营过程中，由于金融集团内部各个金融机构（或业务部门）的利益不一致而产生的利益冲突问题。

益主体的利益为前提来谋求其他利益主体的利益,就必然通过两种方式:"欺诈"或"合谋"。但是,产生"欺诈"或"合谋"的重要原因是信息不对称或双方地位的不平等,而利益冲突的存在并不必然能够导致"欺诈"或"合谋",即并不必然导致利益冲突风险的发生。

在金融综合经营过程中,由于集团内部各个金融机构、消费者等多方利益主体的存在,各个利益主体之间存在利益的不一致,同时由于金融集团内部各个金融机构关系比较复杂,加剧了金融集团与消费者之间信息的不对称,导致可能产生利益冲突风险。对于金融综合经营中产生的利益冲突风险,不同的学者从不同的角度对于其具体表现形式做了不同的归纳。Saunders(1994)将其主要表现形式总结为卖方利益、滥用信托账户、负债风险转移、第三方贷款、搭售、保密六种形式,王文宇(2003)将利益冲突划分为外部利益冲突和内部利益冲突两大类,而Harry Mc Vea(1993)则直接总结了常见的几种利益冲突情形。

就金融综合经营所产生的特有利益冲突风险而言,可以划分为三种主要情形[①]:

一是多个金融机构或部门合谋,以牺牲客户利益为前提谋求金融集团的整体利益。常见的情形包括:(1)银行与证券部门的联合。如:银行违反提供无利害关系投资建议的义务,向投资者推销其业务集团内证券公司所发行或持有的劣质证券,以支持该证券价格;再如,银行利用证券部门发行新股,以消除不良贷款。当作为银行债务人的某家上市公司无力偿还银行的到期贷款时,为了避免遭受损失,银行诱使该上市公司通过自己的关联证券公司发行新股。这样一来,不仅银行的不良贷款问题得以解决,而且关联证券公司能借机赚取丰厚的承销佣金。(2)信托与证券部门的联合。如:信托部门利用其信托账户购买证券公司所承销或持有的劣质证券,以支持该证券价格。(3)搭售行为。即金融集团利用其在与客户谈判中的优势地位,搭配销售其金融集团的其他产品和服务。例如,银行可以以提供信贷支持为前提,要求企业购买其他金融产品。(4)不当利用客户信息资源。金融集团的某一金融机构将其掌握的客户信息泄露给其他金融机构,谋求不当利益。例如,证券公司在证券承销过程中,通常会掌握上市公司的内幕信息,证券公司可能将这些信息泄露给其他

---

① 实际上还存在一种最为简单的利益冲突情形——单个金融机构以牺牲客户利益为前提谋求自身利益,但这种情形不是金融综合经营所特有的,所以不予讨论。另外由于保险业务与其他金融业务的关联性较弱,所以涉及保险部门直接参与到利益冲突中的情形相对较少。

金融机构，使其他金融机构获得不当利益。

二是以牺牲一个或多个金融机构的利益为前提谋求其他金融机构的利益。最常见的情形是以牺牲银行部门利益获取证券部门利益。其主要方式是通过"附带条件的"非审慎的第三方贷款形式，向第三方提供贷款并要求其购买证券部门承销或持有的劣质证券，以支持证券价格。

三是多个金融机构联合以同时牺牲客户利益和自身一个或多个金融机构的利益为前提谋求其他金融机构的利益。最常见的情形是：（1）以同时牺牲银行利益、信托客户利益谋求证券部门利益。例如同时通过银行的第三方非审慎贷款和信托客户的投资账户来支持证券部门承销或持有的证券价格。（2）同时通过证券部门发行新股、信托部门利用客户投资账户购买新股，以及银行第三方贷款的形式来支持新股发行，以消除银行不良贷款。

（二）利益冲突风险的产生前提

如前所述，利益冲突是利益冲突风险产生的必要条件，但不是充分条件。利益冲突风险的产生主要由于信息的不对称、谈判地位的不对等而导致的"欺诈"产生的可能性，以及集团利益的存在而产生"合谋"的可能性。总之，金融综合经营过程中利益冲突风险的产生是多个方面因素综合作用的结果，就其主要原因来说[1]，我们认为，主要包括金融集团整体利益下各利益主体的利益不一致性、信息不对称以及金融机构的垄断地位[2]等三个方面。

1. 金融集团整体利益下各利益主体的利益不一致

在综合经营背景下，金融集团内部各个金融机构利益的不一致，以及各金融机构与金融集团利益的不一致是金融综合经营所产生的特有利益冲突问题的根本前提，没有利益上的不一致性就不存在利益冲突发生的可能性。但是，利益冲突问题的发生，关键还在于在各金融机构利益不一致的背后是金融集团整

---

[1] 例如，陈振福（2005）将其原因归结为不同的利益主体、金融子行业间不同的风险特征、信息不对称、垄断和道德风险问题等五个方面。

[2] 正是由于利益冲突风险的发生存在诸多前提，使得利益冲突是否会发生也存在很大争论。例如，1933年佩科拉听证会通过对国民城市银行、大通银行和摩根银行的调查，认为银行从事证券业务会产生内幕交易和利益冲突，从而损害存款人和证券购买者的利益。Saunders（1985）和 Manju Puri（1999）的研究表明，商业银行从事证券业务不但不会产生利益冲突，反而是加强了竞争，促进了效率的提高。

体利益的一致性。没有这种集团整体利益上的一致性，集团内部各个金融机构将会独立寻求自身利益的最大化，从而不可能产生各金融机构之间的合谋，也就不会产生综合经营所特有的利益冲突风险。因此，金融集团内部各利益主体的利益不一致性是利益冲突产生的前提，但不是充分条件。只有当各个利益主体实行合谋，试图寻求金融集团整体利益最大化时，才会产生金融综合经营的利益冲突问题。

2. 信息不对称[①]

信息不对称是利益冲突产生的重要前提，特别是对于直接损害客户利益的情形而言。例如，银行或证券部门向投资者提供误导性的投资建议，信托部门滥用信托客户的账户进行投资、证券部门发行劣质证券等情形，其基本的前提是客户与金融机构之间存在信息不对称，如果客户了解相关信息，金融机构损害客户利益的行为就不可能发生。

3. 金融机构的垄断地位

金融机构的垄断地位是产生搭售和银行附带条件的第三方贷款等情形的基本前提。因为，金融机构的垄断地位使得其在业务谈判中取得优势地位，才有可能以附带条件的形式销售产品或发放贷款。也正是这种优势地位的存在，才可能使金融机构以牺牲自身信誉为代价来获取相关利益。

（三）利益冲突风险的防范机制

针对金融综合经营中利益冲突风险产生的前提条件，采取相应的措施，建立利益冲突的防范机制，将可以有效地降低利益冲突风险。

一是建立"防火墙"制度[②]。如前所述，虽然金融集团内部各金融机构以及各金融机构与金融集团整体利益的不一致性是利益冲突产生的前提，但是，

[①] 信息不对称是造成投资者"天真"的原因，只有在信息不对称的情形下，投资者才会盲目听信误导性的投资建议。同时，在信息不对称的情形下，证券部门或投资银行的误导性建议被发现的可能性相对较小。因为公众或客户在实行"冷酷战略"的前提下，一旦投资部门采取"不合作"策略——欺骗消费者——而被发现将会导致其信誉丧失，无法在市场立足，这将会促使投资部门采取"合作"策略。

[②] 吴春山（2006）将"防火墙"制度分为"法人防火墙"和"业务防火墙"，其中"法人防火墙"体现了"集团混业、子公司分业"的思路，实际上是金融控股公司的金融综合经营模式；"业务防火墙"包括"资金防火墙"、"管理防火墙"和"信息防火墙"等。

各个利益主体合谋以寻求金融集团整体利益的最大化才是利益冲突产生的充分条件。也就是说，利益冲突问题产生的根本原因是金融集团整体利益一致性前提下各金融机构利益的不一致性，因此，隔断各利益主体的利益关系链，使各个主体的利益相对独立化，使其不能通过合谋来谋求利益的最大化，可以有效防止金融集团内部合谋现象的发生，防范利益冲突风险。当然，各个金融机构之间的关系链不可能完全隔断，那样的话，就是分业经营而非综合经营了。这就要求"防火墙"的厚度适中，主要隔离那些可能损害客户利益和导致金融风险发生的利益和信息的传递，保证各金融机构在利益、绩效考核上的相对独立性，防止客户信息的滥用。"防火墙"制度的建立，一方面需要依靠法律、法规的规定，例如对其内部交易、客户信息利用、部门考核机制的要求、从业人员的要求等，从外部制度上进行监督；另一方面需要以企业内部的管理制度为依托，包括各金融机构组织结构的相对独立性、部门绩效考核的独立性、从业人员岗位的单一性等。只有两者有效结合，才能建立有效的"防火墙"制度，既能有效防范利益冲突，又能降低"防火墙"制度的隔离效应所产生的不经济效应。

二是建立完善的信息披露制度。通过建立完善的信息披露制度，可以有效降低客户与金融机构之间的信息不对称程度，可以使客户充分了解金融机构各方面的业务信息，对金融机构代理行为和投资建议等进行有效识别，降低金融机构损害客户利益发生的可能性。这要求监管法律和监管部门对于金融机构信息披露的具体内容、形式、时间等都做出具体明确的要求，同时建立对于信息披露中的违规行为的严惩机制，以保证信息披露的全面性、完整性、及时性和准确性。

三是对垄断经营行为进行法律规制。在金融市场的垄断现象客观存在的前提下，通过市场的手段无法防止利用垄断优势进行非法经营的行为的发生，因此，只有通过法律的手段才能对其进行有效防范。这就需要通过以立法的形式明确规定什么是垄断经营行为、进行垄断经营的惩罚措施等，通过提高垄断经营行为的机会成本来防范垄断经营行为的发生。

六、监管成本论

本章前面的部分从各个角度分析了综合经营对金融企业可能产生的影响，那么，从监管部门或者社会公众的角度来看，金融综合经营对于社会整体福利将产生什么样的影响呢？本部分将从监管成本的角度对金融综合经营对金融业产生的影响进行考察。

（一）金融综合经营对监管成本的影响

监管成本（或称社会成本）是指实行金融综合经营给社会福利造成的损失，主要包括两个方面：直接监管成本和间接监管成本。直接监管成本即实施金融监管过程中所支出的各种费用[①]；间接监管成本即金融监管给市场效率带来的影响。一般来说，在金融综合经营前提下，由于金融集团内部结构、交易以及业务的复杂化，将会导致直接监管成本上升，但是，间接监管成本是上升还是下降则存在不确定性，它主要取决于金融监管水平以及金融市场发展是否成熟。

（二）金融综合经营监管成本的决定因素

金融综合经营的监管成本取决于金融监管水平和金融市场发展成熟度这两个方面。

在允许综合经营的前提下，金融监管水平越高，对市场秩序的控制和风险的监控能力越高，越有利于发挥综合经营的制度优势，导致间接监管成本较低；反之，则间接监管成本很高。

在金融市场发展比较成熟的情况下，一方面，市场主体的行为都比较理性，金融机构是选择综合经营还是专业化经营主要考虑自身的资本实力、经营管理水平等诸多条件，考虑综合经营是否能够产生协同效应，带来潜在的规模经济和范围经济效应等；另一方面，金融机构内部治理结构和风险管理体系都比较完善，能够有效防范和控制潜在的金融风险，在这种前提下实行综合经营制度，将有利于发挥综合经营的相对比较优势，提高金融市场效率，降低间接监管成本。

相反，在金融市场发展不成熟的情况下，金融机构往往不顾自身的各种条件限制，盲目选择综合经营以实现规模扩张和业务的多元化，同时金融机构内部治理结构和风险管理体系不健全，在这种条件下实行综合经营制度很可能导

---

① 实际上，它又包含两方面：金融监管部门所耗费的各种费用和金融机构为应付金融监管所支出的各种费用。

致市场秩序的混乱，造成巨大的金融风险，从而使间接监管成本上升。

因此，从金融监管层面来讲，选择综合经营还是分业经营制度，取决于金融监管水平以及金融市场发展是否成熟。在监管水平比较高、市场发展比较成熟的情况下，选择综合经营将有利于发挥综合经营的潜在协同效应，提高市场效率；相反，在监管水平比较落后、市场发展不成熟的情况下，选择综合经营制度将可能造成市场秩序混乱并带来潜在的金融风险。

结　语

本章从理论上总结、梳理并深入分析了金融综合经营可能产生的规模经济、范围经济、风险分散、利益冲突、对垄断和效率以及监管成本的影响等问题。

从规模经济与范围经济的问题来看，金融综合经营过程中规模的扩大与业务的多元化既能够带来有利于经营效率管理提高、成本降低的积极作用，也可能产生降低经营管理效率、提高成本的消极作用，最终结果是产生规模经济还是规模不经济、范围经济还是范围不经济，取决于适度规模和适度范围的选择、金融机构的经营管理能力以及能否以强化核心竞争力为基础提高自身的综合竞争力，从而有效利用规模扩张和多元化经营带来的有利因素、降低不利影响。

从金融综合经营对金融业风险的影响来看，金融综合经营既有有利于企业风险分散的有利因素，也有加剧企业面临风险的可能。为了防范金融综合经营可能产生的金融风险，必须建立有效的风险防范机制。

从金融综合经营中的利益冲突问题来看，利益冲突风险产生的根本原因是集团整体利益一致条件下各个金融机构主体利益的不一致性、信息不对称以及金融机构的垄断地位等，因此，需要通过建立"防火墙"制度、信息披露制度、规制垄断经营行为等手段来防范和控制利益冲突风险的发生。

从金融综合经营对垄断与效率的影响来看，金融综合经营同样是一把"双刃剑"，它既有促进垄断、降低市场效率的不利因素，也能产生促进市场竞争、提高市场效率的有利影响。为了有效促进市场竞争、防止金融市场的垄断、提高金融市场效率，关键是要建立有效的市场准入与退出机制以及市场竞争机制。

从金融综合经营对监管成本的影响来看，综合经营将提高金融监管的直接成本，但对于金融监管间接成本的影响则存在不确定性，它取决于金融监管水平和金融市场发展的成熟度。在监管水平比较高、市场发展比较成熟的情形下，选择综合经营将有利于发挥综合经营的潜在协同效应，提高市场效率、降低金融监管成本；相反，在监管水平比较低、市场发展不成熟的情形下，选择综合经营制度将可能造成市场秩序混乱并带来潜在的金融风险，提高金融监管成本。

本章参考文献

1. 蔡浩仪：《抉择：金融混业经营与监管》，云南人民出版社 2002 年版。
2. 陈振福：《论对金融混业经营中利益冲突的法律规制》，博士学位论文，2005 年。
3. 丁志雄、闻岳春：《金融业综合经营理论研究若干问题述评》，载《上海金融》2007 年第 5 期。
4. 杜莉、王锋：《中国商业银行范围经济状态实证研究》，载《金融研究》2002 年第 10 期。
5. 逄诗伟、马晔华、尹江亭：《从资产组合角度分析混业经营的风险》，载《上海交通大学学报》2005 年第 10 期。
6. 何卫刚：《规模经济与范围经济的适用性》，载《经济问题》2005 年第 4 期。
7. 吉卫民、常浩：《分业经营与综合经营的成本效应分析》，载《金融研究》2000 年第 10 期。
8. 姜爱林、陈海秋：《金融业综合经营理论研究概述：一个初步的研究框架》，载《财贸研究》2006 年第 4 期。
9. 陆晓明：《金融现代化法案后的美国银行业混业经营——兼评花旗集团出售"旅行者"》，载《国际金融研究》2005 年第 4 期。
10. 刘伟、黄桂田：《中国银行业的改革的侧重点：产权结构还是市场结构》，载《经济研究》2002 年第 8 期。
11. 刘夏、蒲勇健、陈斌：《混业经营模式下的有效金融监管组织体系研究》，载《金融研究》2005 年第 9 期。
12. 刘伟、黄桂田：《银行业的集中、竞争与绩效》，载《经济研究》2003 年第 11 期。
13. 吕素香：《金融业范围经济研究》，载《财经问题研究》2004 年第 7 期。
14. 马祥振、王文平：《银行业规模经济、范围经济及技术进步———一个理论综述》，载《技术经济与管理研究》2007 年第 1 期。
15. 潘正彦：《中国银行业规模经济与范围经济比较》，载《改革》2006 年第 2 期。
16. 秦国楼：《金融综合经营与分业经营的比较分析与实证研究》，载《金融研究》2003 年第 9 期。
17. 孙振峰：《国际金融综合经营趋势与中国银行业的发展》，载《世界经济研究》

2000 年第 5 期。

18. 王艺明、陈浪南：《金融机构混业经营绩效的全球实证研究》，载《国际金融研究》2005 年第 7 期。

19. 王大树：《关于范围经济的几个问题》，载《管理世界》2004 年第 3 期。

20. 王栋、王静然：《中国商业银行集中度与回报率背离分析——兼论我国银行市场结构的优化》，载《武汉金融》2000 年第 4 期。

21. 王小平：《分业监管体制下金融综合经营的监管》，载《保险研究》2006 年第 7 期。

22. 王国红：《论中国银行业的市场结构》，载《经济评论》2002 年第 2 期。

23. 王元龙：《全能银行的发展与中国的对策》，载《国际金融》2000 年第 1 期。

24. 邢桂君：《中国商业银行混业经营的研究》，博士学位论文，2002 年。

25. 徐传谌、郑贵廷、齐树天：《我国商业银行规模经济问题与金融改革策略透析》，载《经济研究》2002 年第 10 期。

26. 叶辅靖：《全能银行所涉及的几个理论问题》，载《国际金融研究》1999 年第 10 期。

27. 易纲、赵先信：《中国的银行竞争：机构扩张、工具创新与产权改革》，载《经济研究》2001 年第 8 期。

28. 于良春、高波：《中国银行业规模经济效益与相关产业政策》，载《中国工业经济》2003 年第 3 期。

29. 赵旭、蒋振声、周军民：《中国银行业市场结构与绩效实证研究》，载《金融研究》2001 年第 3 期。

30. 张强、曾宪冬：《金融混业经营新趋势下设立监管"防火墙"的思考》，载《金融研究》2003 年第 9 期。

31. 曾康霖、虞群娥：《辩证地看待银行业的分业经营与混业经营》，载《金融研究》2003 年第 7 期。

32. Anthony, Saunders, and Ingo Walter, 1996, "Universal Banking", New York University.

33. Barth, J. R., G. Caprio, and R. Levine, 1998, "Financial Regulation and Performance: Cross-Country Evidence," The World Bank Working Paper, No. 2037.

34. Barth, J. R., G. Caprio, and R. Levine, 2000, "Banking Systems around the Globe: Do Regulation and Ownership Affect Performance and Stability?", The World Bank Working Paper, No. 2325.

35. Besanko, David, David Dranove and Mark Shanley, 1996, "The Economics of Strategy", John Wiley & Sons, Inc., New York.

36. Berger, A. N., L. J. Mester, 1997, "Inside the Black Box: What Explain Difference in the Efficiencies of Financial Institutions?", *Journal of Banking and Finance*, Vol. 21 Issue 7,

pp. 895 – 947.

37. Boyd, J. H., and S. L. Graham, 1988, "The Profitability and Risk Effects of Allowing Banking Holding Companies to Merge with other Financial Firms: A Simulation Study", *Federal Reserve Bank of Minneapolis Quarterly Review*.

38. Boyd, J. H., S. L. Graham, and R. S. Hewitt, 1993, "Bank Holding Company Mergers with Nonbanking Financialing Firms: Effects on the Risk of Failure", *Journal of Banking and Finance*.

39. Buono, Mark J., and Kelly B. Eakin, 1990, "Branching Restrictions and Banking Costs", *Journal of Banking & Finance*, Vol. 14 Issue 6, pp. 1151 – 1162.

40. Benston, George J., Gerald A. Hanweck and David B. Humphrey, 1982, "Scale Economies in Banking". *Journal of Money, Credit & Banking*, Vol. 14 Issue 4, pp. 435 – 456.

41. Benston, George J., 1987, "The Validity of Studies with Line of Business Data: Reply". *American Economic Review*, Vol. 77 Issue 1, p. 218.

42. Benston, George J., 1990, *The Separation of Commercial and Investment Banking*, Oxford University Press.

43. Berger, Allen N., David B. Humphrey, and Lawrence B. Pulley, 1996, "Do Consumers Pay for One-stop Banking? Evidence from an Alternative Revenue Function", *Journal of Banking & Finance*, Vol. 20 Issue 9, pp. 1601 – 1621.

44. Cebenoyan, A. S., 1990, "Scope Economies in Banking: The Hyrid Box – Cox Function", *Financial Review*, Vol. 25 Issue 1, pp. 115 – 125.

45. Clark, J. A., 1988, "Economies of Scale and Scope at Depository Depository Institutions: A Review of Literature", *Economic Review*, the Federal Reserve Bank of Kansas City, pp. 16 – 33.

46. Ferrier, Gary D., and Knox C. A. Lovell, 1990, "Measuring Cost Efficiency in Banking", *Journal of Econometrics*, Vol. 46 Issue 1/2, pp. 229 – 245.

47. Glass, J. C., and McKillop D. G., 1992, "An Empirical Analysis of Scale and Scope Economies and Technical Change in an Irish Multiproduct Banking Firm", *Journal of Banking & Finance*, Vol. 16 Issue 2, pp. 423 – 437.

48. Hunter, William C., and Stephen G. Timme, 1995, "Core Deposits and Physical Capital: A Reexamination of Bank Scale Economies and Efficiency with Quasi – Fixed Inputs", *Journal of Money, Credit & Banking*, Vol. 27 Issue 1, pp. 165 – 185.

49. Hunter, William C., and Stephen G. Timme., 1986, "Technical Change, Organizational Form, and the Structure of Bank Production", *Journal of Money, Credit, and Banking*, Vol. 18 Issue 2, pp. 152 – 166.

50. Hunter, William C., Stephen G. Timme, and Won Keun Yang, 1990, "An Examination of Cost Sub-additivity and Multi-product Production in Large U. S. Banks", *Journal of Money, Credit & Banking*, Vol. 22 Issue 4, pp. 504 – 525.

51. Hunter, W. C., and S. G. Timme, 1991, "Technological Change in Large U. S. Commercial Banks". *Journal of Business*, Vol. 64 Issue 3, pp. 339 – 362.

52. Humphrey, David B., 1990, "Why Do Estimates of Bank Scale Economies Differ?", *Economic Review*, Vol. 76 Issue 5, pp. 38 – 50.

53. Humphrey, David B., 1985, "Cost and Scale Economies in Bank Intermediation", In Handbook for Bank Strategy, New York: Wiley & Sons.

54. Kroszner, R. S., and R. G. Rajan, 1994, "Is the Glass – Steagall Act Justified? A Study of the U. S. Experience with Universal Banking Before 1933", *American Economic Review*, Vol. 84 Issue 4, pp. 810 – 832.

55. Kwan, S. H., 1997, "Securities Activities by Commercial Banking firms' Section 20 Subsidiaries: Risk, Return, and Diversification Benefits", *Federal Reserve Bank of San Francisco Working Papers*, No. 98 – 100.

56. Lawrence, Colin, and Robert Shay, 1986, "Technology and Financial Intermediation in the Multi-product Banking Firm: An Econometric Study of U. S. Banks 1979 – 1982", Technical innovation, Regulation and the Monetary Economy, Boston, Mass. : Ballinger.

57. Levine, R., 2001, "Bank-Based or Market-Based Financial Systems: Which is Better?", NBER Working Papers, No. 9138.

58. Puri, Manju, 1996, "Commercial Banks in Investment Banking Conflict of Interest or Certification Role?", *Journal of financial Economic*, Vol. 40 Issue 3, pp. 373 – 401.

59. Puri, Manju, 1999, "Commercial Banks as Underwriters: Implication for the Going Public Process", *Journal of Financial Economics*, Vol. 54 Issue 2, pp. 133 – 163.

60. Murray, John D., and Robert W. White, 1983, "Economies of Scale and Economies of Scope in Multi-product Financial Institutions: A Study of British Columbia", *Credit Unions Journal of Finance*, Vol. 38 Issue 3, pp. 887 – 902.

61. Noulas, Athanasios G., Subhash C. Ray, and Stephen M. Miller, 1990, "Returns to Scale and Input Substitution for Large U. S. Banks", *Journal of Money, Credit & Banking*, Vol. 22 Issue 1, pp. 94 – 108.

62. Pulley, L. B., and Y. M. Braunstein, 1992, "A Composite Cost Function for Multi – product Firms with an Application to Economies of Scope in Banking", *Review of Economics and Statistics*, Vol. 74 Issue 2, pp. 221 – 230.

63. Rangan, Nanda, Asghar Zardkoohi, James Kolari and Donald Fraser, 1989, "Production Costs for Consolidated Multibank Holding Companies Compared to One-Bank Organizational Forms", *Journal of Economics & Business*, Vol. 41 Issue 4, pp. 317 – 325.

64. Saunders, A., 1985, *Conflicts of Interest: An Economic View*. John Wiley & Sons, New York.

65. Saunders A., and I. Walter, 1994, *Universal Banking in the United States*, Oxford Uni-

versity Press.

66. Shen, C. H., and A. H. Huang, 2003, "Are Performances of Bank and Firms linked? And if So, Why?", *Journal of Policy Modeling*, Vol. 25 Issue 4, pp. 397 – 414.

67. Stover, R. D., 1982, "A Re-examination of Bank Holding Company Acquisitions", *Journal of Bank Research*, Vol. 13 Issue 2, pp101 – 108.

68. Tseng, K. C., 1999, "Bank Scale and Scope Economies in California", *American Business Review*, Vol. 17 Issue 1, pp. 79 – 85.

69. Walter, I., 1997, "Universal Banking: A Shareholder Value Perspective", *European Management Journal*, Vol. 15 Issue 4, pp. 344 – 360.

70. White, E. 1986, "Before the Glass – Steagall Act: An Analysis of the Investment Banking Activities of National Banks", *Explorations in Economics History*, Vol. 23 Issue 1, pp. 33 – 55.

第二部分

> 在充满不确定性的经济系统中，保险公司对不同经营模式的选择，应该是在竞争机制下演进的结果，而不应由人为的政策约束来限制其选择集合的空间。

模式比较与绩效评价

第四章 保险公司经营模式的比较、选择与变动

引 言

前面几章分别考察了世界金融业综合经营的历史演进，总结了其经验与教训，分析了中国金融业综合经营的基本历程，并对金融综合经营的基本理论作了全面、系统和深入的探讨。本章在上述研究的基础上，研究金融综合经营背景下中国保险业的不同经营模式问题，比较各种经营模式的优势和劣势，并探讨保险公司经营模式及其变动的主要因素，为保险公司选择合适的经营模式提供理论支持。

本章的研究框架如下：第一部分界定保险公司专业经营模式、单一经营模式、保险集团模式以及金融控股公司模式等不同的经营模式的内涵；第二部分从规模经济、范围经济、风险分散以及利益冲突等角度比较不同经营模式的相对优势与劣势；第三部分基于企业边界理论，对保险公司不同经营模式的选择与变动作出经济学的解释；最后是简要总结。

一、保险公司经营模式的内涵

从横向看，保险市场主体的经营模式可以分为以下四种:[①]

[①] 以下对保险公司的统计根据保监会网站有关保险机构的信息，最后访问日期2008年1月30日。

第一，专业经营模式。选择专业经营模式的公司着重经营产险或寿险的某一个领域，如寿险中的养老保险、健康保险以及产险中的车险和农业保险等。目前专业保险公司普遍采纳这种经营模式。截至2007年底，中国保险市场采取专业经营模式的保险公司主要有专业汽车保险公司1家（天平汽车）、专业农业保险公司4家（阳光农业、安信农业、安华农业、安盟）、专业健康保险公司2家（瑞福德健康、昆仑健康）① 以及专业养老金公司3家（太平养老、长江养老、泰康养老）②。

第二，单一经营模式。选择单一经营模式的公司将经营领域局限在财产保险或者人身保险业务，而不是同时兼营财产保险和人身保险业务，这是目前我国保险公司所采取的最普遍的经营模式。这一模式与我国《保险法》的规定相一致：我国《保险法》第九十二条明确规定，同一保险人不得同时兼营财产保险业务和人身保险业务。这一规定在法律上决定了单一经营模式在我国保险经营模式中的基本地位。

具体来说，截至2007年底，中资单一产险经营模式的保险公司有16家，分别是大地财产、华泰、天安、大众、华安、永安、太平保险、民安、中银保险、永诚、安邦、都邦、渤海、华农、安诚、长安责任；外资单一产险经营模式的保险公司有14家，分别是美亚、东京海上、丰泰、皇家太阳、联邦、三井住友、三星、安联、日本财产、利宝互助、苏黎世、现代财产、中意财产、爱和谊。

截至2007年底，中资单一寿险经营模式的保险公司有13家，分别是新华、泰康、太平人寿、民生人寿、生命人寿、合众人寿、华泰人寿、华夏人寿、正德人寿、信泰、嘉禾人寿、长城、英大人寿；外资单一寿险经营模式的保险公司有24家，分别是中宏人寿、太平洋安泰、中德安联、金盛、信诚、中保康联、恒康天安、中意、光大永明、友邦、海尔纽约、首创安泰、中英人寿、海康人寿、招商信诺、广电日生、恒安标准、瑞泰人寿、中美大都会、中法人寿、国泰人寿、联泰大都会、中航三星、中新大东方。

第三，保险集团经营模式。选择保险集团经营模式的公司在集团架构内横跨产寿险，业务范围涉及产险、寿险、健康保险、养老保险等多个领域。截至2007年底，中国保险市场共有横跨产寿险两个领域的保险集团6家，即：中国人民保险集团公司、中国人寿保险（集团）公司、中国太平洋保险（集团）

---

① 这里将人保健康和平安健康分别视为属于保险集团经营模式和金融控股模式。
② 这里将平安养老、太平养老和中国人寿养老分别视为属于金融控股模式和保险集团经营模式。

股份有限公司、中国保险（控股）有限公司、中华联合保险控股股份有限公司、阳光保险控股股份有限公司。

第四，金融控股公司模式。选择金融控股公司模式的公司除了保险业务外，还同时涉足银行、证券等多种金融业务，主要有中国平安保险（集团）股份有限公司。

从金融综合经营的背景看，这些不同的经营模式体现了"专业化"与"多元化"经营战略之间的差别。专业经营模式和单一经营模式侧重于"专业化"经营，而保险集团模式和金融控股公司模式则侧重于"多元化"经营。当然，这种划分是相对而言的，比如，与专业经营模式相比，单一经营模式也是"多元化"经营；而与金融控股公司模式相比，保险集团经营模式则是"专业化"经营。

从企业边界的理论视角出发，这些不同的经营模式的本质区别在于保险公司的经营边界不同：一是市场主体的企业边界各不相同，呈现多样化并存的格局；二是多样化的企业边界呈现动态变动趋势，如有的单一经营模式的公司在逐步谋求集团化经营，而有的集团经营模式的公司在逐步谋求金融控股公司模式。

以下将从金融综合经营的背景出发，基于"专业化"与"多元化"经营的视角，比较保险公司不同经营模式的优势和劣势；然后基于企业边界的理论视角，分析保险公司不同经营模式的选择和变动的决定因素。

二、保险公司不同经营模式的比较

根据第三章关于金融综合经营的理论分析，我们选取规模经济、范围经济、风险分散和利益冲突四个角度对保险公司不同经营模式的优势和劣势作比较分析。

（一）规模经济效应分析

从根本上说，专业化战略与规模经济是直接对应的，而多元化战略追求的则是范围经济。但两者又不是截然分开的：绝对专业化的公司相对较少，而范围经济在大多数公司中都发挥着作用。比如，与单一经营模式、保险集团模式以及金融控股公司模式相比，专业健康保险公司无疑是专业化经营战略，在健康险领域做大，以发挥规模经济效应；但提供一种还是多种健康保险产品，无疑要考虑范围经济效应。同样的道理，在多元化过程中，规模经济也在发挥作用。比如，金融控股公司模式实行的是多元化战略，同时涉足银行、保险、信托、证券业务，追求范围经济效应；但就其中某一种业务而言，提供多少数量的产品，则要考虑到规模经济的作用。因此，企业选择的理想状态是使规模经济和范围经济实现"帕累托最优"。

我们认为，专业化战略的主要目的是实现规模经济效应，多元化战略的主要目的是实现范围经济效应。从这样的界定出发，在资源既定的情况下，专业经营模式的规模经济效应最大，单一经营模式次之，保险集团模式再次之，金融控股模式的规模经济效应最小。

对于专业经营模式的公司而言，理论上可以集中公司的资源，形成专业优势和核心竞争力。比如，2003年，由于企业年金监管制度发生重大变革，保险公司原来以契约模式经营的业务面临着向信托模式转型的压力，在这一背景下成立的专业养老保险公司就可以相对集中保险公司现有的优势资源，如人才、技术、管理系统等，从而有利于公司在企业年金市场上获得突破。同样，从2005年开始陆续成立的专业健康保险公司在健康保险产品开发模式、健康管理服务理念以及利用医疗服务资源或与医疗服务提供者的合作方面进行了积极的探索，形成了一定的专业优势。专业的汽车保险公司成立后也致力于建构专业的产品体系、专业的营销模式和专业的客户服务，形成了一定的专业优势。

从理论上来说，专业优势和核心竞争力的培育可以降低公司单位产品的成本，实现规模经济效应。但必须指出的是，如果专业化优势不够明显，则并不一定能迅速地获得规模经济效应，即便是专业经营模式的公司也不例外。如截至2007年底，全国健康保险的保费收入约为384亿元，其中2家专业健康险公司的贡献仅为1 640万元。[1] 可见，专业健康险公司并没有获得明显的规模经济效应。[2]

另外，专业经营模式的保险公司能否以及在多大程度上发挥专业化优势，还取决于外部的市场环境。政策环境制约是一个共性问题，对于综合性经营的公司和专业经营的公司都存在影响，但由于专业经营模式公司的业务领域单一，受到的影响和冲击可能更大。比如，农业保险的政策环境问题严重制约了专业农险公司的发展，企业年金在养老保障体制中的定位以及企业年金的税收优惠等问题制约了专业养老金公司的发展，医疗卫生体制改革滞后、医疗保障

---

[1] 资料来源于中国保监会网站。
[2] 当然，这里也要考虑专业健康险公司还处于发展的初期的因素。

制度尚未定型、税收支持政策尚不完善等政策环境问题制约了专业健康保险公司的发展。

同样的道理，和专业经营模式的公司相比，单一经营模式、保险集团模式和金融控股模式的规模经济效应逐渐递减。当然，这只是相对而言的，对于实行多元化战略的保险公司来说，其主要目的是追求范围经济，但也要同时考虑规模经济。对于绝大多数保险公司而言，其在实行多元化战略时，往往并不会减少既有的存量资源配置，这样就可以在保持规模经济的同时实现范围经济。因此，在实践中，实行多元化战略的保险公司往往可以同时获得规模经济和范围经济效应。

（二）范围经济效应分析

如前所述，多元化经营战略的公司主要追求范围经济效应。比如，保险集团经营模式在集团架构内横跨产寿险，其主要出发点是谋求范围经济效应。从理论上说，实现销售渠道、信息资源共享，实行产寿险交叉销售，实现产寿险联动，有利于保险公司获取范围经济效应。[1] 同样，金融控股公司模式的公司可以发挥金融资产专用性程度低的优势，发挥协同效应和信誉溢出效应，从而实现理论上的范围经济效应。[2]

---

[1] 具体来说，产寿联动，可以充分利用销售渠道和网点，有利于盘活内部资源、摊薄运营成本；可以提供多样化的产品与服务，有利于提高整体市场竞争能力；可以满足客户对保险的多元化需求，有利于保险品牌的铸造；可以通过信誉溢出效应，有效利用客户资源，等等。参见江生忠、武博：《保险集团管控下的产寿联动探析》，载《保险研究》2007年第2期。

[2] 如果企业的资产专用性程度较低，则随着企业经营范围的扩大，往往能获得多方面的范围经济效应，比如充分利用销售渠道和网点，有利于降低经营成本。在多元化经营条件下，各种业务之间能够共享销售渠道、网点，从而可以提高渠道和网点的利用效率，大大降低金融企业的经营成本；提供多样化的产品与服务，有利于提高综合竞争力。金融企业通过进行多元化经营，能够充分整合内部资源，同时为客户提供多样化的产品与服务。通过提供多样化的产品与服务，一方面能够使经营管理成本在多元化产品和服务之间进行分摊，降低金融企业的产品和服务的成本；另一方面，客户能够降低信息搜索、业务谈判等交易费用，使得企业和消费者都获得收益，从而提高金融企业产品和服务的市场竞争力；通过信誉溢出效应，有效利用客户资源。如果某一金融企业在其行业内已经树立了很好的市场形象，拥有庞大的客户资源，在其实行综合经营的过程中，能够将其品牌和信誉延伸到其他金融业务中去，使其他金融业务同样能够获得公众的信赖，从而能够充分利用原有的客户资源，迅速发展新兴业务；充分利用信息资源，提高经营效率。在金融企业进行综合经营的过程中，能够实现金融集团内各个金融机构的信息共享，包括客户资源信息、市场竞争信息等，大大降低信息的搜索成本；同时综合分析通过不同渠道反馈的信息，能够提高信息的准确性、全面性，从而有利于金融企业作出正确的经营决策，提高经营效率。

当然，实行多元化经营战略的公司要实现范围经济效应也应该具备一定的前提条件。比如，要利用金融资产专用性程度低的优势，创造综合经营带来的协同效应，就必须有效地整合集团内各金融机构之间的资源，将集团的金融资产在各行业之间进行统一的、科学合理的配置，以提高金融资源的利用效率。因此，综合经营最重要的是能在集团架构内有效地整合资源。如果一个集团架构内的银行、保险、证券、信托公司之间不能相互依托、实现资源共享，则与分业经营并无本质上的区别，难以实现理论上综合经营可能带来的范围经济优势。

同样，公司在综合经营过程中要利用信誉溢出效应产生范围经济效应，就必须以强化核心竞争力为前提，不断提高其传统优势业务的核心竞争力，不断强化其市场形象、提高企业信誉度。

与保险集团和金融控股公司的模式相比，单一经营模式和专业经营模式的公司就难以获得范围经济效应。当然，这也只是相对而言的，对于实行专业化战略的保险公司，主要目的是追求规模经济，但同样也要考虑范围经济效应的问题。

（三）风险分散效应

金融综合经营的风险分散效应是指在金融企业业务多元化过程中所产生的有利于降低金融企业风险的效应。在金融综合经营过程中，通过资产和业务的多元化组合能够有效降低金融企业风险，而随着金融企业规模的扩大，也能够提高企业的抗风险能力。这种风险分散效应包括资产组合的风险分散效应、业务组合的风险分散效应以及规模扩张导致抗风险能力增强。[①] 对于金融控股公司而言，各种金融业务的风险和收益特性不同，通过经营多种金融业务，能够使业务收入来源多元化，同时能够根据金融市场环境变化及时对业务组合进行调整，这些都将有利于分散金融企业的经营风险，促进经营的稳定。对于保险集团公司而言，与经营单一类型的业务相比，实施产寿险联动，可以通过资产和业务的多元化组合有效降低保险公司风险，而随着公司规模的扩大，也能够提高其抗风险能力，这些都有利于降低保险集团公司的整体风险。

当然，保险集团模式和金融控股公司模式的公司获得风险分散效应，是以建立有效的风险防范和控制机制为前提的，如果风险防范不当，多元经营也可

---

① 参见第三章对这三种风险分散效应的理论分析。

能会导致风险扩散。比如，在保险集团经营模式中，其产寿险业务都是在一个金融集团或者一个品牌下进行经营的，其中产险或寿险子公司的经营好坏往往会影响到其他业务、其他子公司的经营效果，进而影响到集团的经营绩效，也就是说存在"一荣俱荣，一损俱损"的传递效应。

与综合化经营相比，专业化经营的对象单一，风险相对集中，难以实现不同险种之间风险的有效分散。

（四）利益冲突风险

在保险集团和金融控股公司的经营过程中，由于各利益主体存在利益冲突，同时由于信息的不对称、谈判地位的不对等而导致了"欺诈"产生的可能性；由于集团利益的存在而导致了"合谋"产生的可能性，这些都可能导致利益冲突风险的产生。子公司之间可能会合谋以牺牲客户利益为前提谋求集团的整体利益。比如保险集团的搭售行为：集团利用其在与客户谈判中的优势地位，搭配销售集团的其他产品和服务；又比如不当利用客户信息资源问题：集团的某一子公司将其掌握的客户信息泄露给其他子公司，以谋求不当利益。

而对于专业经营模式和单一经营模式的公司来说，利益冲突的可能性则较小。当然，这也是相对而言的，对于保险集团模式和金融控股公司模式的公司而言，如果针对综合经营中利益冲突风险产生的前提条件，通过建立"防火墙"制度、建立完善的信息披露制度以及对垄断经营行为进行法律规制等措施，建立利益冲突的防范机制，就可以有效地降低利益冲突风险。

综上所述，保险集团模式和金融控股公司模式能够产生范围经济效应和风险分散效应，但这些都需要具备一定的前提条件。在前提条件不完全具备的时候建立保险集团模式和金融控股模式，则有可能带来范围不经济、风险扩散等不利的影响，同时容易产生利益冲突。而专业经营模式和单一经营模式则可能比较容易获得规模经济，虽不能如金融集团一样获取一体化利益，但也避免了综合经营的一些弊端，如利益冲突、客户资料的滥用、不够专业导致的服务品质下降和"大企业病"等。

因此，多元化与专业化是既相互对立又相互联系的保险公司经营发展战略。保险公司应根据不同的市场环境、公司自身发展的不同阶段，选择适合的经营发展战略。无论保险公司实行专业化战略还是多元化战略，其理想状态均是实现规模经济和范围经济的"帕累托最优"。

同时，保险公司的核心竞争力是保险公司多元化与专业化发展战略选择的决定因素。如果保险公司多元化能够维持并提高其核心竞争力,则公司应选择继续实施多元化战略;如果公司存在过度多元化,则公司需要调整经营战略,进行业务收缩,加强专业优势,培育行业内的竞争优势。按照核心竞争力的标准,当新业务能够提高保险公司价值、并使其核心竞争力增强时,公司无须进行业务剥离和归核化经营(refocusing)。当多元化业务无法提高公司价值,并导致公司核心竞争力降低时,则必须进行业务"剥离"形式的归核化经营。

三、保险公司不同经营模式的选择与变动

以上我们分析了金融综合经营背景下保险公司的四种经营模式,研究发现,每一种经营模式都有其理论上的优势与劣势,发挥每种优势都需要具备一定的条件,每个保险公司都应当根据自身的条件来选择适合的经营模式。如果条件不具备,模式之间的不恰当转换则会带来不利的后果。

但值得指出的是,保险公司选择经营模式是一种结果,一旦选择,所谓的优势或劣势都是内生的,很难在同一个模式框架内保留优势、去除劣势,因为优势和劣势其实都是特定模式中"一枚硬币的两面"。从这个角度看,除了外部政策环境的因素外,探讨是什么因素决定了不同模式之间的选择,即企业边界的决定问题,可能更有意义。以下将结合经济学理论,从企业边界的角度出发,探讨保险公司经营模式的决定与选择问题。

企业的边界具有双重属性:[①] 一方面是由土地、劳动、资本等有形资源决定的"规模边界";另一方面是由知识等无形资源决定的"能力边界"。"规模边界"是有形的,"能力边界"是无形的,"无形的边界"决定着"有形的边界"的变动。对企业而言,无形的能力边界更为重要。正如伊迪丝·彭罗斯所言,限制企业成长的瓶颈不是劳动力、资金或设备,而是企业家的管理能力,企业的核心能力决定了它的规模和发展方向。[②]

(一)保险公司的规模边界及其选择

企业边界的第一重属性,是由有形资源如土地、劳动、资本等所确定的规

[①] 曾楚宏、林丹明:《论企业边界的两重性》,载《中国工业经济》2005年第10期。
[②] 伊迪丝·彭罗斯:《企业成长理论》,上海人民出版社2006年版。

第四章 保险公司经营模式的比较、选择与变动

模边界，它体现了一个企业生产什么、生产多少的问题，又可分为纵向边界和横向边界两部分。保险企业的纵向边界主要涉及保险公司与保险中介之间的关系问题，这里不予讨论。以下着重探讨保险企业的横向边界问题。

企业的横向边界是指其产品的数量和种类。新古典经济学将企业看成是技术上的生产函数：当企业规模小于市场规模（需求）时，企业将以利润最大化为原则选择本企业的规模，也即经济规模或最佳规模，即最佳产品种类和数量。一般来说，如不考虑某些战略性的因素（如为寻求垄断势力而扩大产量和增加品种等），则企业的横向边界取决于效率或单位产出的平均成本。在企业增加产品种类和数量的过程中，学习曲线的作用和协同效应可以降低单位平均成本，而工作复杂程度提高和所需员工数量的增加则会导致行政成本上升，从而提高单位平均成本。因此，在其他条件不变的情况下，总会存在一个能够使企业的效率最高或平均成本最低的产品种类和数量，即所谓的范围经济和规模经济，它们决定了企业的最优横向边界。

在上述各种保险经营模式中，从专业经营模式到单一经营模式再到保险集团模式，体现的是保险产品种类的逐步扩展；而从保险集团模式到金融控股公司模式，则是从保险产品到银行和证券产品的逐步扩展，保险公司的横向边界进一步拓宽。

由于经济系统的根本不确定性，那些专业经营、单一经营、保险集团以及金融控股公司模式的保险公司都面临着同样的市场竞争。正如阿尔钦（1950）的经典文献[1]所描述的一样，适度的竞争可以作为决定各种制度形式存在的动态选择机制。在这种选择机制下，即便不把行为主体看作是理性的，来自社会的演化压力也将促使每个行为主体采取最适合自身生存的行动，从而使得达到的演化均衡为纳什均衡。企业是否在利润最大化意义上理性行事，是企业家和政府都无法意识到的，它只是经济学家的一种事后理论抽象。在一个行业中，所有的企业都面临资源约束，无论其遵循的惯例是什么，其事先的规模是多大，那些无法继续输入资源、维持经营的企业最终必然自动退出，而留下的企业则"仿佛是理性的"。事实上，是开始的多样性选择必然要选择一个仿佛理性的企业，而不是某个企业事先按照理性行事才得以成功。这个具有生物演化意义的模型给我们的启示是：竞争方式的多样性、或竞争策略集选择空间，是企业理性行为、从而也是市场效率的保证。从这个意义上说，应该尊重保险公

---

[1] Armen A. Alchian. Uncertainty, Evolution, and Economic Theory. *The Journal of Political Economy*, Vol. 58, No. 3 (Jun., 1950), pp. 211–221.

司对不同经营边界的选择,以维护其竞争方式的多样性。在竞争压力下,保险公司的经营边界是动态调整与不断演化的,不应当受政府部门人为确定的企业经营模式的限制。但是,从我国保险公司发展历程看,其经营边界在很大程度上受政府部门的制度约束,甚至是行政干预。

1995年《保险法》确立了产寿险"分业经营"的原则。据此,1996年中国人民保险公司更名为中国人民保险(集团)公司,下设中保财产保险有限公司、中保人寿保险有限公司等四个子公司,以满足产寿险"分业经营"的监管要求。但此后保险监管部门对人保(集团)公司的经营边界作了干预,1999年,中保财产和中保人寿分家,分别成立中国人民保险公司和中国人寿保险公司。客观地说,人保和国寿的分家对于打破当时保险市场的行政性垄断具有一定的积极意义,但这也是对人保(集团)公司经营边界不恰当的行政干预的结果。从人保和国寿此后的发展历程来看,两家公司都具有扩大经营边界的内在动力。2003年,中国人民保险公司重组后更名为中国人保控股公司,于2005年成立人保健康和人保寿险,并于2007年6月复名为中国人民保险集团公司,经营边界又重新扩大到产寿险。

国寿后来的发展历程也大致相同。2003年,原中国人寿保险公司进行重组改制,变更为中国人寿保险(集团)公司,集团公司下设中国人寿保险股份有限公司、中国人寿资产管理有限公司、中国人寿保险(海外)股份有限公司、中国人寿财产保险股份有限公司、中国人寿养老保险股份有限公司、国寿投资控股有限公司等多家公司和机构,经营边界也从单一的寿险扩大到产寿险。

同样的,目前采取单一经营模式的公司大都是在1995年之后成立的,它们在成立之初就受制于《保险法》确立的产寿险"分业经营"原则,只能选择经营产险或是寿险。但一些公司具有扩张经营边界的内在动力,所以政策松动后,一些单一经营模式的公司开始谋求集团化经营模式,甚至是金融控股公司模式。

2003年以后陆续成立的专业性公司也是如此。从公司成立时开始,其经营边界就被人为限定了。根据上述企业有形边界的理论分析,保险公司可以根据自身的资源与特定时期的发展战略,基于竞争的动态选择机制,自主地确定经营边界,监管部门不应人为加以限制。否则,一旦保险公司有扩展经营边界的需求和能力,则面临监管带来的困境。比如,监管部门要求专业农业保险公司的农业保险业务在总业务中不能低于一定的比例,但随着一些农业保险公司非农险业务的快速发展,这样的比例面临挑战。又比如,有的专业健康保险公司与寿险公司和财险公司所经营的健康险业务相比，在价格和渠道方面都没有明显优势，从而陷入非常尴尬的境地。

综上所述，在充满不确定性的经济系统中，保险公司对不同经营模式的选择，应该是在竞争机制下演进的结果，而不应该由人为的政策约束来限制其选择集合的空间。从这个意义上说，对专业公司的提法及其经营范围的限定，需要重新考虑，应该适时允许其扩大经营边界，即便这样有可能会使"专业公司"名不副实，也要充分尊重单一经营公司和集团化公司扩大经营边界的诉求，为其扩大经营边界提供相应的选择空间。①

（二）保险公司的能力边界及其选择

企业边界的第二重属性也是其核心形式，是由无形资源如知识特别是隐性知识所确定的能力边界。② 演化经济学关于"基于能力"的企业理论认为，归根结底，企业所能够开展的活动以及可以达到的规模是由其拥有的核心能力决定的，这一点与经常被称为契约（或者合约）的企业理论形成对比。

基于"契约观"，科斯—威廉姆森式的交易成本分析是在比较静态意义上对不同类型的治理结构进行比较。科斯把市场看作一种无组织的治理结构与企业进行对比，认为企业出现的根本原因在于可以替代价格机制。企业通常倾向于扩张，直到在企业内部组织一笔额外交易的成本等于通过在公开市场上完成同一笔交易的成本，或在另一企业中组织同样交易的成本为止；如果低于公开市场上的交易成本，或等于在另一个企业中组织同样交易所需的成本时，企业将停止扩张。所以，企业的规模大小取决于企业自身的组织费用和企业外部的交易费用互动的结果。③ 沿着这一思路，威廉姆森借助赫伯特·西蒙的"有限理性"概念，发展了其核心命题，即像企业这样的经济制度"具有节约交易成本的重要目的和效应"以及"交易成本的节约本质上要归结到有限理性的节约"。④ 然而，即使治理结构 X 的交易成本低于治理结构 Y，也并不能解释

---

① 也许有人担心，由于治理结构的缺失，保险公司会有"不合理"的扩大经营边界的冲动，中国转轨时期国有保险公司或国有法人股占多数的保险公司尤其如此。在这种情况下，是否政府应对保险公司的经营边界有所限制呢？答案是否定的，下文的进一步分析将表明，企业所能够开展的活动以及可以达到的规模是由其拥有的核心能力决定的，是内生的，而不是由政府部门主观确定的。

② 曾楚宏、林丹明：《论企业边界的两重性》，载《中国工业经济》2005年第10期。

③ 科斯：《企业、市场与法律》，上海三联书店1990年版。

④ 威廉姆森：《资本主义经济制度》，商务印书馆2002年版。

为什么现实中存在的 X 类型的治理结构更多。① 因为在考虑有限理性的条件下，任何企业家都不可能进行成本计算，以确定 X 治理结构的交易成本较低。同样，有限理性、不确定性和有限的计算能力也使得任何政府部门都不能做出这样的评价，这就从根本上决定了企业的经营边界不能由政府部门主观确定。

从根本上说，最终是资源约束把一个企业逐出市场。那些总体上持续获得利润的企业有在市场上进一步扩张的动力因而得以留存；而那些亏损的企业最终在资源约束下不得不退出。如果有关法律或监管规定对于企业经营模式采取专业化还是多元化进行干预，那么等同于在资源约束之外增加了行业中企业进入与退出的新的约束。资源约束是自动的，而行政干预则属于主动与人为的。企业缩小和扩大经营边界都应该视为企业自身利润动机所致，不应该有先验的标准评价这种企业行为的优劣。企业行为是否理性，专业化经营和多元化经营孰优孰劣，多元化经营所跨越行业的幅度，等等，可能千差万别，但其背后的逻辑是一致的，即利润动机。至于何为不理性的企业行为，有限理性的企业家和政府相关主管部门、立法机构都没有预告的能力，因此最终应由市场清除那些不理性的企业。

考虑到有限理性和信息问题，就有必要把分析纳入一个演化的而非比较静态的框架中。② 演化理论是一种"基于能力"（competence-based）的企业理论，这一理论认为企业的实体、结构和边界是由结合个体或团体的能力——比如技能和默示的知识（tacit knowledge）——的实体来解释的，这些能力在某些方面是由组织来培育和维持的。比如，伊迪丝·彭罗斯把企业看作是能力的组织化结合，提出了一种建立在能力增进基础上的企业成长理论：企业是建立在一个管理性框架内的各类能力的集合体，企业的成长"主要取决于能否更为有效地利用现有能力"。从能力有效利用的角度看，企业的成长就是不断挖掘未利用能力的过程。③ 纳尔逊和温特提出了一种演化模型，用于企业的内部惯例，他们把这些惯例看作是企业内部的一种存储知识，保持其一致性和效率的 DNA。并认为知识在很大程度上是默示的、异质的以及依赖于环境的。他们还在企业生物相似性的基础上，构建了一个模拟生物的企业研究模型，该模型特

---

①② 乔弗里·M·霍奇逊：《演化与制度：论演化经济学和经济学的演化》，中国人民大学出版社 2007 年版。
③ 伊迪丝·彭罗斯：《企业成长理论》，上海人民出版社 2006 年版。

第四章 保险公司经营模式的比较、选择与变动

别强调"惯例"（知识遗传和继承）[①]、"搜寻"（企业适应和惯例变异）[②] 和"市场选择"[③] 在企业演化过程中的作用。[④]

可见，与科斯—威廉姆森式的"契约理论"不同，"基于能力"的理论强调企业自身内部的资源和组织惯例的增进，强调企业内部知识的增长和学习。正是具有异质性企业的能力边界最终决定了其经营边界。在企业的异质性假设条件下，企业的成长是内生性的，这种内生性主要表现在三个方面：第一，在不确定条件下，企业当前的知识存量与知识结构决定了企业能否把握潜在的市场机会。知识存量对企业新知识的积累及其创新活动也有制约作用。[⑤]新知识的形成和积累与企业现有的知识存量和结构之间存在着路径依赖关系，相关的知识背景是知识创新的基础和前提。第二，企业的规模和范围决定于企业核心知识的积累、扩散和转移过程。企业的扩张和多元化是核心知识基础上的扩展过程。第三，核心知识具有非竞争性，并且难以模仿与替代。

在"基于能力"的理论看来，专业化的视角是双重的，即"科学技术"意义上的专业化和"企业惯例"意义上的专业化。多元化经营，意味着一种企业惯例可以施加于完全不同的物质产品和服务的生产，其背后是企业内部同一的"惯例"。当这种惯例的适用范围扩张到其能力所不及的程度时，也就是交易成本理论所谓企业内组织成本在边际上等于市场交易成本的时点，企业扩张将会停止。因此，如果政府监管部门按照自己的偏好代替企业家做出决策，来决定其扩张边界，则可能留下能力剩余，而这无疑是一种资源闲置。

---

① "惯例"是企业持久不变的行为特点，其深深植根于企业的一切思维和行为中，是可以遗传和继承的。惯例既对短期行为（如企业的某次营销活动）的思维方式和行为特征产生影响，又对企业长期行为（如基本竞争战略的选择或投资风格的确立）产生根本影响。但惯例并非一成不变，它受环境和随机因素的影响。

② "搜寻"指企业旨在改变其现存状态的行为。搜寻与惯例相关，搜寻的结果可能导致现有惯例的改变，或者新惯例代替旧惯例，或者增加了新惯例。这种搜寻导致惯例改变的特点正体现了演化的本义。透过搜寻，企业可以剔除内部的缺陷或模仿优秀企业的惯例，以实现自我创新或更新，使得企业得以演化或成长。

③ "市场选择"类似于进化论中"适者生存"的规律，市场决定着企业盈利与否和强大与否。企业通过惯例和搜寻，做出相应选择和决策行为；而市场将自动判断企业行为，并将行为错误的企业淘汰出局。这种惯例、搜寻和市场选择的相互反馈机制，导致了企业随时间演化。从这种意义上说，企业演化可以解释为惯例变迁的过程，而搜寻与市场选择则是企业演化的机制。

④⑤ 理查德·R·纳尔逊、悉尼·G·温特：《经济变迁的演化理论》，商务印书馆1997年版。

企业的能力边界存在着深度和广度。① 企业可以通过两种方式扩张能力边界：一是增加能力边界的深度，二是拓宽能力边界的广度；前者可以采取专业化的方式，而后者则可以采取多元化的方式来达成。现实中，企业正是通过采取有效方式来扩张其能力边界，从而引起其规模的外在变化，最终导致企业边界多样化变动趋势的。

显然，相对于单一经营模式，专业经营模式的公司在产险或寿险某一个或某几个险种方面更能够增加能力边界的深度；相对于保险集团化经营，单一经营模式的公司在产险或寿险方面更能够增加能力边界的深度；相对于金融控股公司模式，集团化经营模式的公司在保险业务领域方面更能够增加能力边界的深度。可见，专业化经营是相对而言的，目的都是增加能力边界的深度。在这种情况下，保险公司获取的是与现有知识互补的外界新知识，目的是强化现有核心能力，突出现有竞争优势。为此，保险公司应该舍弃与核心能力关联度低的业务，将资源集中在最具优势的核心业务上，相应的，规模边界随之缩小。

相反，相对于专业化经营模式，单一经营模式的公司在产险或寿险的某一个或某几个险种方面更能够增加能力边界的广度；相对于单一经营模式，保险集团化经营在产险或寿险方面更能够增加能力边界的广度；相对于集团化经营模式，金融控股公司模式的公司在保险业务之外，拓展银行和证券业务，在银行和证券业务领域方面更能够增加能力边界的广度。可见，多样化经营也是相对而言的，目的都是增加能力边界的广度。在这种情况下，保险公司获取的是外界的新知识，自身的能力范围得到拓展。为了使基于这些新知识的核心能力发挥作用，保险公司必须增加与之相匹配的业务活动。因此，随着能力边界广度的拓宽，保险公司应该发展新业务乃至采取多元化战略，规模边界也随之扩大。

我们注意到，大多数保险集团在从单一经营模式向集团化模式转化的过程中，仍然以原来经营的保险业务为主，并以此为依托向其他保险领域扩展。比如中国人寿保险集团公司提出了"主业特强、适度多元"的发展战略，并且将寿险业、资产管理业作为当前的主业；中国人保集团公司则将非寿险作为其主业。在大型保险企业的扩张过程中，依托主业主要体现在以最初的经营实体

---

① 能力边界的深度，是指企业对某一项核心能力的运用程度和水平，体现为企业能力边界内的任何一项能力的相对知识整合成本的绝对数值，它从纵向方面反映了企业的竞争优势。能力边界的广度，是指企业内部拥有的核心能力的种类，它从横向方面反映了企业的竞争优势。参见曾楚宏、林丹明：《论企业边界的两重性》，载《中国工业经济》2005年第10期。

作为出资方或者控股单位,通过控股、参股等方式进行业务领域的扩张,并且在集团化扩张的同时始终保持对核心业务领域的投入,巩固并扩大其市场竞争能力。从中国人寿股权关系中可以看出,寿险股份公司和资产管理公司作为核心企业在整个集团中处于非常重要的地位,起着举足轻重的作用。

同样,大多数保险集团在从单一经营模式向集团化模式转化的过程中,首先也主要辐射保险业务的其他领域,比如各大保险集团控股公司旗下基本都建立了产险公司、寿险公司、年金公司、资产管理公司、健康险公司等专业化的子公司。但这些保险集团较少进入银行、信托、证券等其他金融行业,进行金融综合化经营,这主要是由于现有的保险企业对保险业务比较熟悉,获取的主要是有关保险的新知识,因此,在保险业务领域比银行、信托、证券等领域更具有核心竞争力。当然,随着保险集团公司获取外界新知识的进一步增多,它们会进一步谋求金融控股公司模式,将经营边界向非保险金融领域扩展。

综上所述,专业化和多元化都是相对而言的,主要取决于每一家公司能力边界大小。专业化和多元化的目的都是扩张能力边界。

(三)保险公司经营边界的变动

如前所述,企业边界变动的实质,就是企业依照战略意图并结合外部环境和自身情况与外界进行资源交换,根据不同的资源类型选择有效的交换方式,从而引起企业能力边界和规模边界的相应变动;企业边界变动的目的,就是为了使核心能力与所从事的生产活动实现最佳匹配,从而达到效率最优。

在保险市场发展初期,保险公司进行生产和交易的主要资源是劳动、资本等有形资源,因此,很多保险公司以粗放经营的方式追求规模扩张,目的就是尽可能多地占有这些稀缺资源,为今后的发展打下基础。而随着社会逐渐进入知识经济时代,保险公司开展经营服务活动的关键已变成知识、技术等构成企业核心能力的无形资源,保险公司的持续竞争优势就随之转化为对这类资源掌握和有效运用的依赖。

总之,动态地看,保险公司的成长和发展是内生的。随着全球经济一体化的发展,我国保险公司正面临着更为激烈的国际竞争。如何通过技术创新、组织管理创新和制度创新,积累和构建自身的核心知识和能力,合理地确定经营边界,是当前我国保险公司发展必须做出的战略选择。

结　语

在充满不确定性的经济系统中，保险公司对不同经营模式的选择，应该是在竞争机制下演进的结果，而不应该由人为的政策约束来限制其选择集合的空间。保险公司要实现可持续发展，必须不断培育自身的核心能力，增加能力边界的深度，拓宽能力边界的广度。为此，保险公司要重视知识的创造、共享、转化和运用，努力将自己打造成学习型组织，增强对外界知识的吸收能力，只有这样，才能在未来的激烈竞争中立于不败之地。

本章参考文献

1. 安同良、郑江淮：《后现代企业理论的兴起——对企业的新古典、契约与能力理论范式的超越》，载《经济理论与经济管理》2002 年第 3 期。

2. 何卫刚：《规模经济与范围经济的适用性》，载《经济问题》2005 年第 4 期。

3. 江生忠、武博：《保险集团管控下的产寿联动探析》，载《保险研究》2007 年第 2 期。

4. 科斯：《企业、市场与法律》，上海三联书店 1990 年版。

5. 理查德·R·纳尔逊、悉尼·G·温特：《经济变迁的演化理论》，商务印书馆 1997 年版。

6. 李海舰、原磊：《论无边界企业》，载《中国工业经济》2005 年第 4 期。

7. 刘东：《企业边界的多种变化及其原因》，载《中国工业经济》2005 年第 3 期。

8. 刘凤芹、谢适汀：《论企业的边界与规模：近期文献的一个评述》，载《社会科学战线》2005 年第 2 期。

9. 陆明祥：《金融服务一体化和中国金融业的综合经营》，载《金融论坛》2006 年第 7 期。

10. 吕素香：《金融业范围经济研究》，载《财经问题研究》2004 年第 7 期。

11. 乔弗里·M·霍奇逊：《演化与制度：论演化经济学和经济学的演化》，中国人民大学出版社 2007 年版。

12. 青木昌彦：《经济体制的比较制度分析》，中国发展出版社 1999 年版。

13. 孙祁祥：《太阳光 vs 激光——关于"多元化"与"专业化"的思考》，载《中国保险报》2006 年 11 月 8 日。

14. 王大树：《关于范围经济的几个问题》，载《管理世界》2004 年第 3 期。

15. 威廉姆森：《资本主义经济制度》，商务印书馆 2002 年版。

16. 徐忠爱：《如何选择经济组织？——现代契约经济学的企业边界理论回顾与评述》，

载《江苏社会科学》2006年第1期。

17. 杨亚平、朱卫平：《企业边界的动态演进分析——基于企业契约论和知识能力论的双重视角》，载《学术交流》2007年第7期。

18. 伊迪丝·彭罗斯：《企业成长理论》，上海人民出版社2006年版。

19. 曾楚宏、林丹明：《论企业边界的两重性》，载《中国工业经济》2005年第10期。

20. 张宏军：《基于契约的企业边界决定理论介评》，载《经济评论》2007年第4期。

21. 郑江淮：《企业理论：演进经济学的观点述评》，载《经济评论》2001年第2期。

22. 周清杰：《企业边界：基于动态效率的分析》，载《财经科学》2006年第10期。

第五章 四种模式的经营绩效评价

引 言

本章将在第四章的基础上对我国保险市场上四种经营模式的经营绩效进行评价。本章的绩效评价是以 2006 年四种经营模式的财务数据作为基础的,希望通过对经营绩效的评价,使读者对四种经营模式有一个更清晰的认识。需要强调的是,本章的分析仅是客观描述四种经营模式的市场表现,而并非直接代表它们之间的优劣比较。

本章安排如下:第一部分对本章进行绩效评价的指标体系和计算方法等进行说明;第二部分对四种经营模式下财产保险公司的成长能力、盈利能力和偿付能力分别进行比较与分析;第三部分对四种经营模式下人身保险公司的成长能力、盈利能力和偿付能力分别进行比较与分析;最后是小结。

一、对四种模式经营绩效评价的说明

本书将我国的保险公司分成了四种不同的经营模式,在这一分类方法下,不同经营模式下的保险公司有着较大的区别,比如,金融控股公司和保险集团不仅同时涉足产险和寿险业务,而且往往都有着多年的发展历史。而单一经营模式的保险公司只是经营产险或者寿险业务,并且多为新成立的公司。不仅如此,即便同一模式下的保险公司，在业务范围、发展阶段以及发展模式上也都存在着很大的区别。基于以上原因，本书拟从一些基本财务指标出发，对我国保险市场上四种不同经营模式下保险公司的经营绩效进行比较，并在此基础上进一步深入分析其背后的原因。

（一）保险公司经营绩效评价指标

以下，我们将从成长能力、盈利能力和偿付能力三个方面对四种不同经营模式进行考察。

1. 成长能力

成长能力也称发展能力，它反映的是保险公司业务和规模的扩张态势。分析保险公司的成长能力，有助于我们从动态上把握四种不同模式下的保险公司的发展过程和发展趋势。至于成长能力的具体指标，我们选择用保险公司的保费收入增长率和总资产增长率来衡量。

2. 盈利能力

盈利能力是保险公司获取利润的能力，它是反映保险公司经营和管理水平高低的综合指标，也是保险公司经营的出发点和归宿。

为了反映四种不同经营模式下的保险公司的盈利能力，我们选择了资产收益率（ROA）、净资产收益率（ROE）、承保利润率和投资收益率等指标进行分析。其中，资产收益率、净资产收益率分别反映保险公司全部资产和净资产获取利润的能力，是反映保险公司盈利能力的综合指标，承保利润率和投资收益率则分别反映保险公司的承保业务和投资业务的获利能力，对这两个指标的分析有助于我们进一步考察保险公司的利润结构。至于承保利润率的计算，我们选择用承保利润除以保险公司的保费收入与各种准备金提转差的差额。对于财产保险公司，我们选择用保费收入减去未决赔款准备金、未到期责任准备金和长期责任准备金这三种准备金的提转差；对于人身保险公司，我们选择用保费收入减去未决赔款准备金、未到期责任准备金、寿险责任准备金和长期健康险责任准备金这四种准备金的提转差。至于投资收益率，由于不能获得各公司可利用资金余额的数据，我们选择用保险公司的投资收益和利息收入之和比上保险公司的平均资产余额来衡量。

3. 偿付能力

偿付能力也是反映保险公司经营绩效的一个重要方面。这是因为保险业是一个高负债、高风险的行业，保险公司的经营是否稳健不仅直接关系到保单持有人的切身利益，而且还影响着其他潜在投保人的信心。

鉴于无法得到各保险公司的偿付能力充足率的直接数据，我们用资产负债率和偿付能力系数来说明财产保险公司的偿付能力状况。其中，资产负债率也即保险公司总负债与总资产的比值，它可以用来衡量保险公司在清算时对保单持有人的保护程度。该比例越高，说明对保单持有人的保护程度越低。偿付能力系数则是指保险公司的自留保费与资本金和公积金之和的比值，该比例越高，表明保险公司承担的风险就越大。[①] 对于人身保险公司，我们选择用资产负债率和盈余充足率来说明。其中，盈余充足率也即所有者权益与负债的比值，这一指标与保险公司的偿付能力状况呈正向关系。

综上所述，我们对保险公司经营绩效的评价指标体系如图 5-1 所示。

评价指标体系
- 成长能力
  - 保费增长率
  - 总资产增长率
- 盈利能力
  - 资产收益率
  - 净资产收益率
  - 承保利润率
  - 投资收益率
- 偿付能力
  - 资产负债率
  - 偿付能力系数/盈余充足率

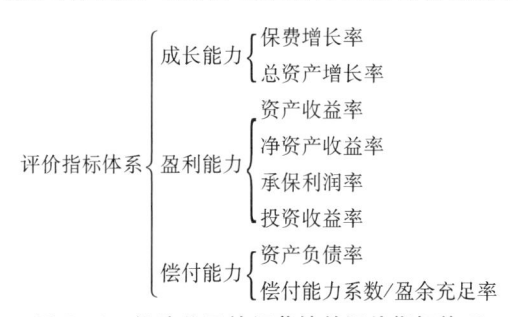

图 5-1 保险公司的经营绩效评价指标体系

（二）数据来源及计算方法

1. 数据来源

为了保证数据的真实性和时效性，我们在计算四种经营模式的财务指标时所采用的数据主要来自于《中国保险年鉴 2006》、《中国保险年鉴 2007》，个别数据来自各保险公司的网站。

2. 计算方法

为了更科学合理地比较四种经营模式的绩效，我们的思路是：先计算财产保险公司和人身保险公司各自具体的财务指标，在此基础上再计算各模式内部

---

① 我国《保险法》规定，经营财产险的保险公司，当年自留保费不能超过其实有资本金加公积金之和的 4 倍。对寿险公司，则尚无具体规定。

所有保险公司在这些财务指标上的平均值,我们把这些平均值作为对这类模式经营绩效的基本描述与刻画。

我们对统计口径也略作说明。对于平安、人保、国寿、太保和华泰等金融控股公司或保险集团,我们统一将其旗下的财险公司划归到财产保险公司的范畴,而将其人寿险、健康险、养老险等子公司划归到人身保险公司的范畴。对于中保集团,我们仅考虑其在内地的子公司——太平保险、太平人寿和太平养老,对其在海外的子公司则不予考虑。对于所有的资产管理公司以及经营历史存续业务的各集团母公司,我们也都不予考虑。最后,对于单一经营模式和专业经营模式,则根据各保险公司经营业务的性质分为财产保险公司和人身保险公司(包括寿险、健康险和养老险公司)。

另外,我们考察的是已经在2005年和2006年完成连续经营的公司,因此,对于2005年后才成立的部分保险公司,我们未予考虑。

二、四种经营模式下财产保险公司的经营绩效

(一)四种经营模式下财产保险公司成长能力的比较与分析

1. 四种经营模式下财产保险公司成长能力的比较

2006年,我国的财产保险公司都保持了快速的增长势头。四种经营模式下财产保险公司的成长能力参见表5-1。

表5-1　　四种经营模式下财产保险公司的成长能力比较　　单位:%

	金融控股模式	保险集团模式	单一经营模式	专业经营模式
平均保费增长率	33.03	29.72	73.13	366.6 (150.89)
平均总资产增长率	29.25	50.59 (28.81)	33.94	36.75 (18.14)

资料来源:根据《中国保险年鉴2006》、《中国保险年鉴2007》计算而得。

注:(1)在保险集团模式所对应的平均总资产增长率中,括号里的数据为剔除华泰财险的平均数据。2006年该公司的资产增长率137.69%,大大高于其他公司。

(2)在专业经营模式所对应的平均成长能力指标中,括号里的数据均为剔除天平汽车之后其他专业保险公司的平均数据。2006年,天平汽车保险公司的保费增长率为1 229.43%,资产增长率为111.18%,均大大高于其他公司。

从表 5-1 可以看到，就平均保费增长率而言，四种经营模式基本维持了高于 30% 的快速增长，其中专业经营模式甚至以超过三倍的平均速度增长。如果剔除天平汽车等个别保险公司的影响，我们可以看到，相比于金融控股模式和保险集团模式相对平稳的增长速度（30% 左右）而言，单一经营模式和专业经营模式的增长速度是相当迅速的，分别达到 73.13% 和 150.89%。就平均总资产增长率而言，四种经营模式也都保持了 30% 左右的快速平稳增长，但是比较而言，保险集团模式的平均总资产增长率是最高的，达到了 50.59%。

由以上指标可见，无论是保费收入还是总资产，四种经营模式在 2006 年都有着非常好的成长性。但是就平均成长速度而言，保险集团模式和单一经营模式比金融控股模式和专业经营模式更快。

2. 对四种经营模式下财产保险公司成长能力的分析

是哪些原因导致我国四种经营模式下的财产保险公司在 2006 年实现了快速成长？在这里，我们分别从外部因素和内部因素两个方面进行分析。其中，外部因素是整个财产保险市场所面临的外部环境，也是促进四种经营模式快速成长的共同原因，而内部因素则更多地与各种经营模式的发展特性有关系，是个体原因。

（1）四种经营模式快速成长的外部因素分析。

第一，政治因素。我国长期稳定的政治局势是促进我国经济长期、持续、快速发展的重要保证，也是促进我国保险业长期、持续、快速发展的重要保证。特别值得一提的是，2006 年 6 月国务院出台了 23 号文件——《国务院关于保险业改革发展的若干意见》，它是新时期我国保险业改革与发展的重要指南。在这个文件出台之后，各部门、各省市人民政府都召开了保险工作会议，把保险业改革发展纳入到整个国民经济总体发展规划中来，为保险业的发展提供了一个良好的外部政治环境。

第二，经济因素。一国保险业的发展与经济发展有着密切关系。很多研究表明，保险业的发展与经济发展存在着正相关的关系。近年来，我国的经济持续快速发展，综合国力不断增强，人民生活水平不断提高。据统计，2006 年我国人均国民生产总值突破了 2 000 美元。人们的消费需求开始不断升级，对住宅、汽车、文化教育、医疗卫生等方面的需求日益提高。这些都为保险业的发展拓展了的空间。

（2）四种经营模式快速成长的内部因素分析。

虽然四种经营模式有着相同的外部环境，但是就内部因素而言，它们却并非完全相同。下面，我们对四种经营模式下财产保险公司的内部驱动因素进行简要分析。

首先，总体而言，金融控股模式与保险集团模式下的财产保险公司在成长能力上基本相似。如果不考虑华泰财险偏高的资产增长率（137.69%）这一数据的影响，这两种模式的平均保费增长率和平均总资产增长率基本都维持在30%左右。事实上，这一情形的出现与这些公司所处的发展阶段有很大关系。具体来说，不论是金融控股模式下的平安产险，还是保险集团模式下的人保财险、太保产险，它们作为财产保险市场的第一梯队早已完成全国范围内的战略布局，市场战略相对成熟和理性，因此，其保费收入和总资产规模的增长也比较稳定。另一方面，对于中华联合、华泰财险、太平财险等第二梯队的保险公司而言，由于它们尚未彻底完成全国范围内的战略布局，还保持着相对激进的扩张势头，因此其成长速度相对较快，但总地来说正在逐步趋于稳定。

其次，单一经营模式是我国财产保险市场上最普遍的一种形式。由于单一经营模式所涵盖的财产保险公司中既有中资公司，又有外资公司，为了更清楚地反映单一经营模式下中、外资保险公司的成长能力，我们在表5-2中进行了说明。

表5-2　　　　单一经营模式下中、外资财产保险公司成长能力比较　　单位：%

公司类别	平均保费增长率	平均总资产增长率
中资财险公司	94.70	74.76
外资财险公司	62.34	13.52

资料来源：根据《中国保险年鉴2006》与《中国保险年鉴2007》计算而得。

从表5-2可以看到，2006年，单一经营模式的财产保险公司在保费收入和总资产上都有着较高的增长速度。但是比较而言，中资财险公司比外资财险公司的成长速度更快。

至于单一经营模式下的财产保险公司高速成长的原因，与这些公司所处的阶段和地位有很大关系。具体来说，我国保险市场上的大部分单一经营的财险公司都是2000年前后才成立的，都还处于发展初期，保费收入和资产规模的基数相对较小。为了在竞争日趋激烈的保险市场上谋求一席之地，很多公司都在积极扩张自己的经营范围。此外，少数保险公司受到粗放式经营思想的影响，以保费收入为核心，盲目打价格战，进行非理性竞争。在这些因素的共同作用下，单一经营模式的保险公司就保持了较高的成长速度。

最后，2006年我国专业性的财产保险公司也得到了快速成长，其原因主要有两点。第一，我国的专业性财产保险公司作为保险市场的新事物，起步相对较晚，比如安华农险、安信农险、阳光农险、安盟成都、天平汽车都是在2004年底和2005年初才成立的，因此在发展初期都会保持一个较快的扩张速度。第二，政策性农业保险的开展对我国专业性农业保险公司的推动作用尤其明显。2006年以来，黑龙江、吉林、内蒙古等地方政府对试办农业保险的支持力度越来越大，积极试办农业保险的氛围正在逐步形成。这些都推动了专业性保险公司的快速发展。

（二）四种经营模式下财产保险公司盈利能力的比较与分析

1. 四种经营模式下财产保险公司盈利能力的比较

2006年，我国四种经营模式下财产保险公司的盈利能力状况参见表5－3。

表5－3　　　　四种经营模式下财产保险公司的盈利能力比较　　　　单位：%

	金融控股模式	保险集团模式	单一经营模式	专业经营模式
平均资产收益率	3.97	-1.33	-4.61	-16.03
平均净资产收益率	17.13	-15.18	-7.55	-43.62
平均承保利润率	0.08	-5.15	-42.55	-165.63 （-49.51）
平均投资收益率	4.05	3.10	3.36	3.37

资料来源：根据《中国保险年鉴2006》与《中国保险年鉴2007》计算而得。

注：（1）单一模式下的平均净资产收益率还没有考虑永安财险（所有者权益为负值）。

（2）专业经营模式所对应的平均盈利能力指标均未考虑阳光农险（相互制保险公司）。其所对应的平均承保利润率中，括号里的数据为剔除安盟成都（远低于其他公司）后的平均数据。

从表5－3我们可以看到，2006年四种经营模式下财产保险公司的盈利能力呈现如下特点：第一，总的来说，金融控股模式、保险集团模式、单一经营模式和专业经营模式的盈利能力从高到低在依次下降；第二，除了金融控股模式，其他三种模式平均资产收益率、平均净资产收益率和平均承保利润率都为负值；第三，四种经营模式都实现了正的平均投资收益，并且相差不多。

2. 对四种经营模式下财产保险公司盈利能力的分析

（1）四种经营模式在盈利能力上的共同点。

2006年，四种经营模式在盈利能力上的共同点表现在：平均承保利润率都很低，甚至为负值，而平均投资收益率却均为正值。我国保险业所出现的这一情形与国际保险业的发展趋势存在着相似之处。在目前的国际保险市场上，即使是很多著名的国际保险公司，其承保业务都面临着或多或少的亏损，而与此同时，资金运用业务则成为它们获取利润的重要来源。也正是这一原因，承保业务与资金运用被形象地比喻为保险业经营的"车之双轮、鸟之双翼"。

具体到2006年我国财产保险市场的实际情况来说，上述情形的出现是以下两个因素作用的结果。首先，就承保业务而言，随着近年来我国保险市场主体的不断增加，各财产保险公司之间的竞争日趋激烈，保险产品的价格也日趋下降。此外，很多财产保险公司都存在着费用过高、管理不善等问题。这些都是承保业务出现亏损的重要原因。其次，就资金运用而言，由于近年来保险公司的投资渠道不断放宽，再加上2006年我国证券市场出现了"牛市"行情，投资收益高企，各财产保险公司作为机构投资者也分到了一杯羹。

（2）四种经营模式在盈利能力上的区别。

与成长能力相比，四种经营模式在盈利能力上的区别更为明显。

首先，金融控股模式也即平安产险的盈利能力最强。这表现在该公司在资产收益率、净资产收益率、承保利润率和投资收益率这四项指标上都是最好的。平安突出的盈利能力，与该公司完善的风险管理体系、出色的投资管理水平以及良好的运营平台等紧密相关。

其次，就保险集团模式而言，其平均盈利能力比金融控股模式要差一些，如果不考虑中华联合、阳光财险等公司的影响，其平均盈利能力比金融控股的差距要更小一些。这也说明保险集团模式内部各保险公司之间存在着比较明显的区别，比如像人保财险、太保财险等发展相对成熟的公司与中华联合、阳光财险等后起公司在盈利能力上就有着较大的区别。

再次，就单一模式而言，其平均水平已经处于全面亏损的状态。至于单一经营的公司处于整体亏损的原因，同样与绝大部分公司尚处于发展的起步阶段有很大关系。在发展初期，保险公司往往需要投入大量的资本，用来租赁经营场地、购买设备、人员培训、产品宣传，等等，同时，由于保险业务经营的长期性，保险公司往往要在成立的若干年后才能逐步补偿各种费用与开支。不仅如此，对于很多单一经营模式下的保险公司来说，由于没有自己的资产管理公司，资金运用受到了一定的限制，这也影响了其投资收益率的提高。单一经营模式下中、外资财险公司在盈利能力上的区别参见表5-4。

表 5-4　　　　　　中、外资财产保险公司盈利能力比较　　　　　单位:%

	平均资产收益率	平均净资产收益率	平均承保利润率	平均投资收益率
中资财险公司	-3.41	-9.51	-25.44	5.15
外资财险公司	-2.19	-6.74	-51.10 (3.16)	2.47

资料来源：根据《中国保险年鉴2006》与《中国保险年鉴2007》计算而得。

注：（1）中资财险公司的平均资产收益率和平均净资产收益率均不包括永安财险（所有者权益为负值）。

（2）在外资财险公司的平均承保利润率中，括号前的数字为全部外资公司承保利润率的平均值，括号里的数字为剔除美国联邦（-398.38%）和利宝重庆（-246.36%）这两个偏高数据之后的平均值。

从表5-4可以看到，就整体盈利能力而言，外资财险公司比中资财险公司表现要更好。而具体到平均承保利润率而言，如果不考虑美国联邦和利宝重庆等个别保险公司的影响，外资财险公司的整体承保利润率水平要高于中资财险公司。但是就平均投资收益率而言，中资财险公司比外资财险公司要稍高一些。出现这种状况的原因在于，外资财险公司的经营更为审慎，对风险的选择更为严格；与此同时，外资财险公司强调稳健投资，对股票的投资数量较少，这影响了其在2006年的投资收益。

最后，专业性保险公司的盈利能力比单一经营的保险公司更差，其承保业务不仅出现了最为严重的亏损（-165.63%），而且平均投资收益率（3.37%）也是最低的。专业性公司出现亏损的原因，除了发展初期的高投入以及资金运用受到限制之外，还与我国专业性保险公司费用和成本过高、专业技术水平偏低等因素有很大关系。

（三）四种经营模式下财产保险公司偿付能力的比较与分析

1. 四种经营模式下财产保险公司偿付能力的比较

2006年，我国四种经营模式下财产保险公司的偿付能力状况参见表5-5。

表 5-5　　　　　四种经营模式下财产保险公司的偿付能力比较

	金融控股模式	保险集团模式	单一经营模式	专业经营模式
平均资产负债率（%）	79.43	86.73	45.41	52.35
平均偿付能力系数	4.20	3.89	0.88	0.8

资料来源：根据《中国保险年鉴2006》与《中国保险年鉴2007》计算而得。

注：（1）单一经营模式所对应的平均偿付能力指标剔除了永安财险（所有者权益为负）。

（2）专业经营模式所对应的平均偿付能力指标没有考虑阳光农险（相互制保险公司没有资本金）。

从表 5-5 可以看到，首先，就平均资产负债率而言，保险集团模式最高，达到了 85.11%，金融控股模式接近 80%，而专业经营模式和单一经营模式则依次降低。其次，就平均偿付能力系数而言，金融控股模式略高于 4，保险集团模式则接近于 4，而单一经营模式和专业经营模式则都比较低，维持在 1 左右。

2. 对四种经营模式下财产保险公司偿付能力的分析

从四种经营模式的平均资产负债率和平均偿付能力系数我们可以看到，总体而言，我国财产保险公司的偿付能力状况都比较好，但是比较而言，单一经营模式和专业经营模式的偿付能力充足性比金融控股模式和保险集团模式更好。出现这一情形的原因是，单一经营模式和专业经营模式下的保险公司成立时间还不长，业务开展还相对有限，因此，公司的资本相对更加充足。但可以肯定的是，随着业务规模的不断扩大，单一经营模式和专业经营模式的资产负债率和平均偿付能力系数都将会提高。需要指出的是，在单一经营模式里，中华联合和永安财险都有着偏高的资产负债率和偿付能力系数，偿付能力不足的问题已经凸显。

单一经营模式下中、外资财险公司的偿付能力状况参见表 5-6。

表 5-6　　　　　　　中、外资财产保险公司偿付能力比较

	平均资产负债率（%）	平均偿付能力系数
中资财产保险公司	69.65	2.07
外资财产保险公司	35.31	0.38

资料来源：根据《中国保险年鉴 2006》与《中国保险年鉴 2007》计算而得。

从表 5-6 我们可以看到，无论是平均资产负债率还是平均偿付能力系数，中资财产保险公司都比外资财产保险公司要高，也就是说，外资财产保险公司的偿付能力状况在整体上比中资公司要更好一些。

（四）四种经营模式下财产保险公司经营绩效的综合分析

通过前面的比较与分析，我们对四种经营模式下财产保险公司的成长能力、盈利能力和偿付能力这些单项绩效指标有了比较清晰的认识。为了更加全面地把握这四种经营模式下财产保险公司的经营绩效，我们有必要将前面的计算结果进行归纳和整理，然后在此基础上综合分析四种经营模式经营绩效之间的关系。

出于直观的考虑，我们用"1，2，3，4"从高到低分别描述四种经营模式下财产保险公司的各绩效指标的强弱，也即"1"为最强，"2"次之，"3"为较弱，"4"为最弱。这样，2006年四种经营模式下财产保险公司经营绩效的整体状况就可以用表5-7来描述。

表5-7　　　　四种经营模式下财产保险公司经营绩效的综合分析

	金融控股模式	保险集团模式	单一经营模式	专业经营模式
成长能力	3	3	2	1
盈利能力	1	2	3	4
偿付能力	4	3	2	1

资料来源：根据《中国保险年鉴2006》与《中国保险年鉴2007》计算而得。
注：我们认为金融控股模式和保险集团模式的成长能力在同一水平上。

从表5-7我们可以看到，就成长能力和偿付能力而言，专业经营模式、单一经营模式、保险集团模式和金融控股模式基本是从强到弱依次降低，而就盈利能力而言，其顺序则恰好相反。

那么，四种经营模式下的成长能力、盈利能力和偿付能力之间是否存在着内在联系呢？我们能否从表5-7得出结论认为，四种经营模式下的财产保险公司的成长能力越强，其盈利能力就越差，而偿付能力就越强呢？显然，三者之间是存在着一定的联系的。比如，保险公司的成长能力越强，则其保费收入越多，承担的风险也就越多，出现损失的概率也就越大，偿付能力因此或多或少会受到影响。不仅如此，保险公司的盈利能力也与其偿付能力关系密切，盈利能力越强，则资本增加就越快，偿付能力也就越强，等等。

然而，就现阶段我国的情况来说，上述四种经营模式的经营绩效表现，更多地与其发展阶段有着密切的联系。

具体来说，对于金融控股模式和保险集团模式下的保险公司而言，由于它们起步相对较早，特别是像人保、国寿、平安、太保等老牌保险公司来说，经过多年的发展，它们早已经完成了全国范围内的机构布局，步入了一个相对稳定的发展阶段，在这种情况下，盈利能力已经取代成长能力成为公司股东和管理层更为重视的目标，自然也被给予了更多的关注。同时，对于这些公司来说，在资本规模相对固定的情况下，公司承担的风险越多，偿付能力的充足性就越低，而一些保险公司的偿付能力状况甚至已经让人担忧。这里需要指出的是，金融控股模式下平安产险的经营绩效比保险集团模式下的保险公司要更好，这与平安自身较高的经营管理水平有关。

而另一方面，相对于金融控股模式和保险集团模式而言，单一经营模式特别是专业经营模式下的保险公司多为新近才成立的，起步相对较晚，为了尽快在保险市场上谋求一席之地，抢占先机，它们都把成长速度放在了首要位置。与此同时，由于保险公司在成立之初往往需要较多的资本投入，并且费用较高，再加上保险业盈利周期相对较长，因此，专业经营模式和单一经营模式下的保险公司的盈利能力自然也就处在一个较低的水平。此外，由于新公司业务规模相对较小，因此，负债规模有限，资本相对充足，偿付能力自然也就处在一个较高的水平。

三、四种经营模式下人身保险公司的经营绩效

（一）四种经营模式下人身保险公司成长能力的比较与分析

1. 四种经营模式下人身保险公司成长能力的比较

2006年，我国四种经营模式下人身保险公司的成长能力状况参见表5-8。

表5-8　　　　四种经营模式下人身保险公司的成长能力比较　　　　单位：%

	金融控股模式	保险集团模式	单一经营模式	专业经营模式
平均保费增长率	17.23	20.62	120.87	—
平均总资产增长率	25.02	30.30	58.11	—

资料来源：根据《中国保险年鉴2006》与《中国保险年鉴2007》计算而得。

注：专业经营模式仅包括昆仑和瑞福德两家健康保险公司，它们在2006年才正式开展业务，故未考察其成长能力。

从表5-8可以看到，2006年，除了新成立的两家专业性健康保险公司，我国的金融控股模式、保险集团模式和专业经营模式下的人身保险公司都维持了稳定和快速的增长。相比较而言，金融控股模式和保险集团模式的增长速度更为稳定，平均保费增长率和平均总资产增长率基本维持在20%~30%之间，而单一经营模式的成长速度则更加迅猛，其平均保费增长率达到了120.87%，平均总资产增长率达到58.11%，两项指标在三种模式中都是最高的。

2. 对四种经营模式下人身保险公司成长能力因素的分析

同前面对财产保险公司的分析一样,这里我们也对四种经营模式下人身保险公司快速成长的原因进行分析,我们的分析也从外部因素和内部因素两个方面展开。

(1) 四种经营模式快速成长的外部因素。

2006年,我国的人身保险公司面临着诸多"利好"的外部因素,这不仅表现在有利的政策环境和快速的经济增长给人身保险的发展所形成的外部支持,还表现在证券市场的跨越式发展和持续的社会体制变革对人身保险快速发展的直接推动。由于人身保险公司和财产保险公司面临着相同的政治因素和经济因素,因此,这里我们重点探讨证券市场的发展和社会体制的变革对人身保险快速发展的影响。

首先,2006年是我国证券市场实现跨越式发展的一年。在这一年里,随着我国股权分置改革的逐步完成以及证券市场各项基础性制度建设的不断完善,我国的证券市场突破了四年来的持续低迷,市场规模稳步扩大,投融资功能显著增强,市场效率及规范化程度较以往明显改善。证券市场的发展为人身保险公司特别是寿险公司与资本市场的互动创造了良好的条件。这表现在,近几年来,我国的寿险公司已经发展成为资本市场上重要的机构投资者,而且从2005年2月开始,我国的保险资金就已经获准正式进入股票市场,同时,保险公司投资到债券的资金也提高到总资产的30%,因此,在2006年里,我国人身保险公司特别是寿险公司的投资收益都随着证券市场的"回暖"而"水涨船高",而较高的投资收益也直接刺激各人身保险公司的进一步扩张。

其次,我国正在进行的社会体制变革也为我国人身保险的快速发展创造了新的发展机遇。随着我国社会保障体系的变革,特别是国有经济体制改革的深化和民营经济的崛起,家庭和个人逐渐承担起养老、医疗、失业等诸多风险,商业保险的作用日益凸显。不仅如此,我国已经跨入老龄社会,并且正处于快速老龄化阶段,而且,我国的家庭结构日益小型化,赡养率逐步提高,这对我国尚不完善的养老保障体系构成了很大的压力。所有这些社会体制的变革都使人们对通过保险来转嫁风险产生了更大的需求。

(2) 四种经营模式快速成长的内部因素。

如果不考虑专业经营模式,总地来说,金融控股模式、保险集团模式与单一经营模式下人身保险公司的成长能力与财产保险公司的成长能力比较相似,那就是单一经营模式的平均成长能力最高，而金融控股模式和保险集团模式的平均成长能力相差不多。而出现这一状况的原因，也与三种模式的发展阶段有着很大关系。具体来说，就是金融控股模式和保险集团模式下的保险公司已经完成了全国范围内的战略布局，进入了一个相对成熟和稳定的发展阶段。而对于众多单一经营的人身保险公司来说，由于它们还处于发展初期，都有着很强的扩张冲动。此外，一些保险公司为了在短期内迅速扩大市场份额，过分追求保费规模，进行非理性竞争等。在这些因素的共同作用下，单一经营模式就有着更高的成长速度。

这里，我们还对单一经营模式下的中资人身险公司和外资人身险公司的成长能力做进一步的比较和说明，参见表5-9。

表5-9　　　　　　中、外资人身保险公司成长能力比较　　　　　单位:%

公司类别	平均保费增长率	平均总资产增长率
中资公司	59.47	74.43
外资公司	136.22	54.03

资料来源：根据《中国保险年鉴2006》与《中国保险年鉴2007》计算而得。

从表5-9可以看到，2006年，单一经营模式下的中、外资人身保险公司都有着很高的成长速度，但是比较而言，外资公司的平均保费增长率（136.22%）比中资公司（59.47%）要高，而中资公司的平均总资产增长率（74.43%）比外资公司（54.03%）高。外资公司平均保费增长率高于中资公司的一个重要原因是，一些外资寿险公司在2006年实现了很高的保费增长率，比如瑞泰（682.07%）、招商信诺（493.99%）、中德安联（315.18%）、中美大都会（222.71%）等，这在总体上提高了外资公司的平均水平。而中资公司的平均总资产增长率比外资公司要高的原因，则与中资公司的机构和规模扩张有很大关系。

（二）四种经营模式下人身保险公司盈利能力的比较与分析

1. 四种经营模式下人身保险公司盈利能力的比较

2006年，我国四种经营模式下人身保险公司的盈利能力状况参见表5-10。

表5-10　　　　四种经营模式下人身保险公司的盈利能力比较　　　　单位:%

	金融控股模式	保险集团模式	单一经营模式	专业经营模式
平均资产收益率	1.70	0.46	-8.41	-27.35
平均净资产收益率	46.76	2.91	-34.82	-16.35
平均承保利润率	-78.10	-34.84	-133.17	-692.11
平均投资收益率	7.08	5.54	6.03	1.52

资料来源：根据《中国保险年鉴2006》与《中国保险年鉴2007》计算而得。

注：单一经营模式所对应的平均净资产收益率剔除了合众人寿（远低于其他公司）的数据。下同。

从表5-10可以看到，总体而言，2006年我国四种经营模式下人身保险公司的盈利能力呈现如下特点：第一，金融控股模式、保险集团模式、单一经营模式和专业经营模式的盈利能力从高到低依次下降；第二，四种经营模式的平均资产收益率和平均净资产收益率基本都为负值；第三，四种经营模式的平均承保利润率均为负值，而平均投资收益率均为正值。

2. 对四种经营模式下人身保险公司盈利能力的分析

（1）四种经营模式在盈利能力上的共同点。

2006年，四种经营模式在盈利能力上的共同点表现在：平均承保利润率都为负值，而平均投资收益率却均为正值。这一点与我国财产保险公司的发展情形基本一致，与国际保险业的发展实践也非常相似。由于前面我们对此已经有过探讨，在此不再赘述。

但是与财产保险公司的盈利能力略有不同的是，人身保险公司的平均承保利润率更低一些，而投资收益率要稍高一些。这一差别的存在也表明人身保险公司比财产保险对投资业务也有着更强的依赖性。

（2）四种经营模式在盈利能力上的区别。

同四种经营模式下财产保险公司的盈利能力一样，2006年四种经营模式下人身保险公司之间的盈利能力也存在着很大的区别。其中仍然以金融控股模式的盈利能力为最强，保险集团模式次之，单一经营模式第三，而专业经营模式为最低。事实上，这种区别产生的原因与导致财产保险公司盈利能力产生区别的原因基本相同，因此这里不再赘述。

我们对中、外资人身保险公司的盈利能力也进行了进一步的比较，参见表5-11。

表 5-11　　　　　　中、外资人身保险公司盈利能力比较　　　　　　单位:%

	平均资产收益率	平均净资产收益率	平均承保利润率	平均投资收益率
中资人身险公司	-7.64	-25.46	-61.54	5.63
外资人身险公司	-8.57	-36.22	-147.49	6.11 (4.87)

资料来源:根据《中国保险年鉴 2006》与《中国保险年鉴 2007》计算而得。

注:外资人身险公司的平均投资收益率中,括号里的数字为剔除瑞泰人寿(该公司专营投连险产品)的平均数据。2006 年该公司的投资收益率为 29.76%,远高于其他保险公司。

从表 5-11 可以看到,中资人身保险公司的平均资产收益率、平均净资产收益率和平均承保利润率都比外资人身保险公司更高一些,至于平均投资收益率,如果剔除以经营投连险为主的瑞泰人寿,中资人身保险公司也要更高一些。导致这一情况出现的原因有三:一是外资公司有很多新近成立的公司,业务刚刚起步;二是因为外资人身保险公司在业务范围和经营地域等方面受到了一些限制;三是外资人身保险公司在资金运用上比较谨慎,对股票的投资较少,这在一定程度上影响了其投资收益。

(三) 四种经营模式下人身保险公司偿付能力的比较与分析

1. 四种经营模式下人身保险公司偿付能力的比较

2006 年,我国四种经营模式下财产保险公司的偿付能力状况参见表 5-12。

表 5-12　　　　四种经营模式下人身保险公司的偿付能力比较　　　　单位:%

	金融控股模式	保险集团模式	单一经营模式	专业经营模式
平均资产负债率	96.74	93.67	78.26	11.87
平均盈余充足率	3.37	7.19	41.84	4 304.96

资料来源:根据《中国保险年鉴 2006》与《中国保险年鉴 2007》计算而得。

注:专业经营模式仅包括昆仑和瑞福德两家健康保险公司,由于它们 2006 年才正式开展业务,负债十分有限,故其平均盈余充足率相当高。

从表 5-12 可以看到,如果剔除新公司的影响,就平均资产负债率而言,金融控股模式、保险集团模式、单一经营模式和专业经营模式依次降低,而平均盈余充足率则恰好相反，专业经营模式、单一经营模式、保险集团模式和金融控股模式依次降低。

2. 对四种经营模式下人身保险公司偿付能力的分析

首先，从四种经营模式在偿付能力上的对比来看，四种经营模式的平均资产负债率与平均盈余充足性所反映的内容在本质上是一致的。具体来说就是，仅从偿付能力充足率的角度来分析，专业经营模式最高，单一经营模式稍低，保险集团模式再低，而金融控股模式最低。事实上，这一格局同四种经营模式下财产保险公司的偿付能力状况是相同的。而导致这一情形的原因也是相似的，那就是单一经营模式和专业经营模式下的人身保险公司成立时间还不长，业务开展还相对有限，公司的资本相比而言更加充足。同样也需要指出的是，随着业务的不断开展，单一经营模式和专业经营模式的资产负债率将会逐步增加。另外，个别保险公司的偿付能力状况也不容乐观，比如合众人寿。

其次，从产、寿险在资产负债率上的对比来看，人身保险公司的平均资产负债率在总体上要比财产保险公司高一些。如果不考虑新公司的影响，金融控股模式和保险集团模式下人身保险公司的平均资产负债率都超过了90%，而相应的财产保险公司的平均资产负债率却在80%上下。同样剔除新公司的影响，单一经营模式下人身保险公司的平均资产负债率为78.26%，而财产保险公司的资产负债率只有45.41%。人身保险公司的资产负债率要比财产保险公司高，这是由寿险公司的经营特性决定的。因为相对于财产保险公司而言，人身保险公司特别是寿险公司往往持有更多的、长期的债务，而这些债务绝大部分都是对保单持有人的负债。

最后，中、外资人身保险公司的偿付能力状况参见表5-13。

表5-13　　　　　　中、外资人身保险公司偿付能力比较　　　　　单位：%

	平均资产负债率	平均盈余充足率
中资人身险公司	93.27	7.58
外资人身险公司	75.26	46.73

从表5-13可以看到，外资人身保险公司的平均资产负债率要更低一些，平均盈余充足率要更高一些，整体偿付能力状况也更好一些。这也是与中、外资财产保险公司的情形是一致的。

■■■ (四)四种经营模式下人身保险公司经营绩效的综合分析

为了更加全面地把握这四种经营模式下人身保险公司的经营绩效,我们同样对前面的计算结果进行归纳和整理,然后在此基础上综合分析四种经营模式与经营绩效之间的关系。

我们仍然用"1,2,3,4"从高到低分别描述四种经营模式下人身保险公司的各绩效指标的强弱,也即"1"为最强,"2"次之,"3"为较弱,"4"为最弱。这样,2006 年四种经营模式下人身保险公司经营绩效的整体状况就可以用表 5-14 来描述。

表 5-14　　四种经营模式下人身保险公司经营绩效的综合分析

	金融控股模式	保险集团模式	单一经营模式	专业经营模式
成长能力	3	2	1	—
盈利能力	1	2	3	4
偿付能力	4	3	2	1

从表 5-14 我们可以看到,就成长能力和偿付能力而言,专业经营模式、单一经营模式、保险集团模式和金融控股模式基本是从强到弱依次降低,而就盈利能力而言,其顺序则恰好相反。这一点与财产保险公司的情形基本一致。

同样需要指出的是,上述四种经营模式的经营绩效表现,与其所处的发展阶段有着密切的关系,它们之间也不存在着某些必然的联系。由于前文对此已经有过探讨,在此我们不再进行详述。

结　　语

本章分别从成长能力、盈利能力和偿付能力等三个方面构建了一套经营绩效评价体系,在此基础上分别对金融控股模式、保险集团模式、单一经营模式和专业经营模式四种模式下的财产保险公司和人身保险公司的经营绩效进行了比较和分析。

比较和分析的结果表明，2006年，不论是财产保险公司，还是人身保险公司，四种经营模式都有着很好的成长能力，但是相比较而言，单一经营模式和专业经营模式的成长更快；在盈利能力上，金融控股模式、保险集团模式、单一经营模式和专业经营模式从高到低依次下降；而在偿付能力上，单一经营模式和专业经营模式相对更为充足。

通过分析我们还发现，虽然影响保险公司经营绩效的因素比较复杂，但是就目前来说，发展阶段是影响我国各保险公司经营绩效最为重要的因素。

需要指出的是，由于本章仅仅采用了2006年这一年的经营数据，并且忽略了风险管理、技术创新和客户关系等难以量化的非财务因素，故本章所提出的分析框架，不可能全面、准确地刻画和说明四种经营模式下保险公司的经营绩效。

本章参考文献

1. 李干斌、杨超、范方志：《保险公司绩效评价体系构建新思路》，载《商业时代》2006年第12期。
2. 李玲玲：《企业业绩评价——方法与应用》，清华大学出版社2004年版。
3. 李双杰：《企业绩效评价与效率分析》，中国社会科学出版社2005年版。
4. 孙薇、刘俊勇：《企业业绩评价：战略的观点》，中国税务出版社2006年版。
5. 肖芸茹：《构建优良的评价保险企业的指标体系》，载《南开经济研究》1999年第2期。

附录 5-1

四种经营模式下财产保险公司的经营绩效一览表（2006 年）

	保费增长率（%）	总资产增长率（%）	资产利润率（%）	净资产利润率（%）	承保利润率（%）	投资收益率（%）	资产负债率（%）	偿付能力系数
平安产险	33.03	29.25	3.97	17.13	0.08	4.05	79.43	4.20
人保财险	8.20	10.81	0.45	2.37	-1.38	3.38	82.02	3.81
太平洋财险	23.73	32.86	2.16	16.56	0.06	4.49	88.58	4.56
华泰财产	25.58	137.69	1.22	9.18	-11.97	2.79	90.53	0.64
太平保险	47.47	20.44	-1.14	-5.30	-6.68	4.01	80.40	1.63
中华联合	43.62	51.14	-9.34	-98.73	-5.76	0.82	92.14	8.81
阳光财险	2 961.67	92.32	-20.32	-67.11	-97.98	7.34	76.99	1.35
天安	0.81	1.99	0.86	4.27	-1.06	3.93	80.14	4.04
大众	21.30	4.20	-9.50	-46.91	-17.23	5.23	80.16	2.35
华安	33.47	249.44	0.75	13.56	-24.75	8.53	96.43	2.8
永安	26.12	27.92	-39.59	—	-43.58	5.63	—	9.26
永诚	238.93	22.17	0.10	0.13	-31.43	6.14	26.79	0.24
安邦	247.59	142.84	-9.28	-18.58	-34.61	1.47	64.74	0.9
都邦	—	—	-57.44	-64.24	-135.61	2.71	55.29	0.81
渤海	—	—	-5.08	-6.43	-141.70	2.91	30.23	0.16
华农	—	—	-1.52	-0.78	-1 746.34	7.32	2.69	0.02
民安	-0.13	58.50	1.72	2.05	3.06	2.81	31.77	0.24
中银	96.05	6.08	-6.50	-7.90	-36.07	1.07	20.00	0.16
美亚	22.93	4.38	6.35	9.18	8.89	2.52	32.30	0.48
东京海上	26.86	10.34	13.47	21.72	29.96	3.12	40.89	1.27
丰泰	3.40	34.83	0.85	1.06	-1.10	2.75	30.05	0.25
皇家太阳	44.43	10.37	-2.47	-4.53	-17.16	2.78	48.12	0.44
美国联邦	74.89	-0.37	-35.33	-92.81	-398.38	1.92	61.86	0.32
三井住友	16.74	8.02	3.07	5.63	10.10	3.08	47.47	0.91
三星火灾	36.34	10.48	7.88	9.29	23.21	2.93	19.26	0.13
安联广州	74.00	17.12	-1.78	-3.17	-15.26	2.11	48.00	0.05
日本财产	6.58	5.08	2.92	3.23	25.86	2.18	11.79	0.15
利宝重庆	345.98	-2.56	-16.49	-24.64	-246.36	2.34	32.22	0.16
安华农险	349.51	28.44	-35.88	-100.08	-70.84	1.38	68.12	1.08
安信农险	23.46	27.81	15.93	24.82	20.29	6.32	42.78	0.7
阳光农险	32.98	23.21	—	—	—	1.47	—	—
天平汽车	1 229.43	111.18	-35.26	-86.30	-97.98	2.95	69.90	1.38
安盟成都	197.60	-6.90	-8.90	-12.93	-513.99	2.84	28.62	0.02

注：1. 截至 2006 年底，都邦财险、渤海财险和华农财险的成立时间均不到两年，故未计算保费增长率和总资产增长率。

2. 2006 年永安财险的净资产为负值，故未计算净资产收益率和资产负债率。

3. 阳光农险为相互制保险公司，不以盈利为目的，故考察其盈利能力和偿付能力指标并无实际意义。

附录 5-2

四种经营模式下人身保险公司的经营绩效一览表（2006年）

	保费增长率（%）	总资产增长率（%）	资产利润率（%）	净资产利润率（%）	承保利润率（%）	投资收益率（%）	资产负债率（%）	盈余充足率（%）
平安人寿	17.23	25.02	1.70	46.76	-78.10	7.08	96.74	3.37
平安健康	—	—	-0.05	-0.05	—	3.76	0.69	14 379.89
平安养老	—	—	-2.81	-3.91	—	3.46	42.13	137.34
人保寿险	—	—	-6.13	-11.04	-414.85	4.09	58.83	69.97
人保健康	—	—	-7.62	-15.85	-83.98	2.23	65.49	52.69
人寿股份	14.22	31.35	1.59	9.65	-19.86	5.23	85.48	16.98
太平洋寿险	4.52	18.50	0.76	34.10	-38.60	5.82	97.94	2.11
华泰人寿	—	—	-18.66	-26.60	-328.25	2.62	49.12	103.60
太平人寿	43.11	41.05	-0.99	-35.02	-46.07	5.58	97.59	2.46
太平养老	—	—	-7.64	-8.91	—	9.97	6.41	1459.27
新华	26.47	55.20	—	—	—	—	—	—
泰康	15.88	55.91	0.59	19.31	-35.85	5.59	97.48	2.59
民生	69.49	33.25	-8.52	-68.75	-70.08	8.70	89.15	12.17
生命	6.33	67.44	-4.43	-26.94	-63.13	4.07	86.87	15.11
合众	179.17	160.36	-18.19	-2 895.50	-77.12	4.16	99.57	0.44
长城	—	—	-18.24	-44.67	-149.94	2.37	73.46	36.13
嘉禾	—	—	-11.48	-18.16	-368.86	2.97	49.13	103.54
正德	—	—	-27.36	-15.94	-140 320	0.56	14.22	603.47
中宏	27.40	35.97	-0.99	-10.44	-38.41	7.62	91.75	9.00
太平洋安泰	-11.57	30.76	-1.20	-9.60	-47.45	5.93	88.99	12.37
中德安联	315.18	195.69	-8.04	-67.03	-107.65	4.35	91.97	8.73
金盛	64.14	43.81	-7.35	-34.92	-91.82	5.05	82.17	21.70
信诚	52.31	75.93	-11.66	-68.36	-62.01	8.33	86.63	15.44

续表

	保费增长率（%）	总资产增长率（%）	资产利润率（%）	净资产利润率（%）	承保利润率（%）	投资收益率（%）	资产负债率（%）	盈余充足率（%）
中保康联	30.35	60.86	-0.19	-0.73	55.36	6.66	78.70	27.07
恒康天安	25.12	24.77	-6.71	-40.16	-45.80	3.70	84.96	17.70
中意	93.00	10.30	-0.23	-5.51	-103.04	3.67	95.98	4.19
光大永明	107.03	52.80	-17.16	-125.98	-278.93	5.84	88.73	12.70
友邦	8.05	35.16	0.17	5.01	-45.89	4.42	96.99	3.10
海尔纽约	15.12	41.17	-18.55	-83.24	-118.05	3.56	80.96	23.51
首创安泰	81.12	43.92	-4.37	-11.52	-145.30	8.98	67.89	47.29
中英	24.33	98.43	-6.64	-22.23	-109.81	5.16	77.54	28.97
海康	84.12	39.73	-17.94	-70.77	-174.47	3.54	78.26	27.78
招商信诺	493.99	0.54	-4.46	-7.16	-16.70	2.14	37.84	164.26
广电日生	190.58	8.48	-17.64	-26.15	-491.09	2.76	35.17	184.36
恒安标准	133.31	19.74	-5.23	-8.72	-243.29	3.87	44.95	122.48
瑞泰	682.07	206.62	-10.28	-51.70	-92.32	29.76	86.81	15.19
中美大都会	222.71	25.40	-28.63	-78.85	-95.74	2.90	67.36	48.45
国泰	86.10	30.42	-4.25	-6.43	-697.49	3.98	41.60	140.36
中航三星	—	—	-17.60	-20.44	-899.51	2.11	5.51	1 713.54
联泰大都会	—	—	-17.61	-27.57	-383.31	3.23	40.42	147.38
中新大东方	—	—	-18.24	-9.41	-2 416.67	4.48	3.06	3 166.40
昆仑健康	—	—	-18.71	-9.47	—	2.68	1.20	8 266.52
瑞福德健康	—	—	-35.99	-23.23	-1 384.22	0.35	22.55	343.41

注：1. 截至2006年底，平安健康、平安养老、人保寿险等14家保险公司成立时间不到两年，故未计算其保费增长率和总资产增长率。

2. 《中国保险年鉴2007》缺乏新华人寿的经营数据，故未计算其财务指标。

3. 由于缺乏平安健康、平安养老等公司在2006年的保费收入数据，故未计算承保利润率。

第三部分

> 置于综合经营的背景之下，我国的保险业必须认清自身所处的客观环境和现状，充分认识综合经营的优势和劣势，避免综合经营过程中的盲目性，控制企业风险，提升企业资源整合和创新的能力。

战略选择与环境优化

第六章 综合经营背景下中国保险业的战略选择[①]

引 言

受国际国内金融综合经营潮流的影响，中国平安、中国人寿、中国人保、太平洋保险、中国再保险、中华联合和阳光保险等保险公司相继采取综合经营战略，并组建成立保险控股集团公司，多家保险企业公开或非公开地以打造国内（国际）一流的金融（保险）控股集团作为其战略目标，综合经营已经成为我国保险业发展的一个引人注目的现象，将来还可能有更多的保险公司采取综合经营战略。但是，在我国保险公司面临金融综合的背景下，一些保险公司对综合经营存在认识上的误区，盲目追求综合经营，一哄而上，并没有采取适合自己的经营方式；一些已经采取综合经营战略的保险公司也存在着综合经营战略方向不明确、保险集团内部治理结构和风险管控不完善等诸多问题，这些都将影响到我国保险业的长期健康发展与保险业社会职能的发挥。因此，我国的保险公司必须认真审视综合经营背景下自身所处的外部环境和具备的内在条件，来决定是采取专业化方式还是综合化的经营战略；对于业已采取综合经营战略的保险企业，也应制定适当的综合经营形式和实现综合经营的战略步骤，以提升自身服务水平和竞争能力。

[①] 保险业综合经营包括横向综合经营和纵向综合经营，详见本章第二部分对此问题的论述。由于我国目前保险业主要考虑的是横向综合经营，即金融综合经营，因此本章内容在非特别指明的情况下，主要指横向综合经营。

一、综合经营背景下保险业应避免的认识误区

采取综合经营的保险企业有其自己的理论基础和现实驱动力，驱动保险综合经营的因素复杂多样。当前普遍存在的一个问题是，保险业对开展综合经营还存在一些认识上的偏差，只有消除这些认识误区，保险业才能避免经营战略上的"陷阱"，正确选择专业化或者是综合化的经营战略。

（一）过高估计范围经济效应

范围经济效应是金融综合经营的主要理论基础。然而，需要注意的是问题是，并非所有的金融业务都存在范围经济效应。目前业界对范围经济效应的估计有夸大倾向，范围经济效应在一些人笔下往往成为预设的规则来解释金融综合经营。很多情况下，范围经济是其"心中之造"，是曲解金融史实，从而导致经营战略上的错误决断，把"综合经营"搞成了"综合投资"。

范围经济在一定条件下的确能够给保险公司带来巨大利益，但是，范围经济的边际效应不可能是无限的。谈到综合经营战略的优势时，经常提到的好处主要有三点：一是"一站购齐"。但是，金融商品是一种虚拟商品而非实物商品，少有实物交付，虚拟商品尤其是简单的金融产品非常适合网络和电话方式处理，即使金融企业不搞综合经营，消费者也能够通过网络或者电话等方式将各家金融企业的产品"一次购齐"。二是"信息共享"。但这项优势受制于客户个人信息隐私方面的法律保护而很受限制。三是"渠道优势"。但是，保险企业涉足银行，是自建银保销售渠道，还是通过协议方式和其他银行进行"一对多"实现银保销售，还很难说哪种方式更有优势。美国自1999年《金融服务现代化法案》实施8年来，金融综合经营没有大规模出现，金融综合经营集团也未表现出明显的竞争优势。而相反的事实是，花旗等一些大型金融集团反而将自己的非核心业务出售。因此，对于"连横"的范围经济效应必须要有客观的估计。

另外，范围经济效应的显现并不意味着金融企业一定需要通过股权投资方式介入对方领域。范围经济效应是一个与权益报酬率相联系的概念，例如，商业银行是利用其网点代理销售其他公司的保险产品，还是亲自设立保险公司经营保险就值得仔细考虑，也许设立保险公司经营保险较之代理销售保险带来的

利润总额更高，但考虑到资本投入因素，反而可能会降低集团的权益报酬率和每股收益，从而损害股东利益。保险业也是这样。对于大多数中小保险公司来说，是自己设立保险资产管理公司还是委托其他企业进行投资，这同样是一个需要仔细权衡的问题，考虑问题的出发点必须与企业财务上的业绩相挂钩，以便为股东带来合理的回报。

因此，保险业开展综合经营时，必须尽量准确、客观评价其中的范围经济效应，防止夸大倾向。

（二）单纯应对股东压力

股东对管理层有持续盈利增长的要求，中国上市公司过高的市盈率，实际上包含了投资者对每股收益高增长率的预期。在投资者预期增长的压力下，上市金融企业如果在本领域获得不了收益的持续增长，就可能考虑涉足其他金融行业，以期获得更高的报酬率，实现外延式增长。例如，中信证券股份有限公司设立从事直接投资业务的金石投资有限公司，收购金牛期货经纪有限公司和华夏基金，进一步整合强化旗下基金业务，都应当包含了这方面的考虑。同样，中国平安的股价最高接近150元，其面临股东回报持续增长的压力也很大，收购海外的富通基金管理公司以及最近提出的1 600亿元再融资计划也有这方面的考虑。

如果不存在范围经济效应，如同前述问题一样，综合经营变成了综合投资，而通过综合投资实现分散化的工作本可由股东自己进行。此外，单纯以持续盈利增长为目的的综合经营往往也会使金融企业产生强烈的融资饥渴，陷入"融资—投资—再融资"的循环怪圈。

（三）误解监管部门导向

监管部门导向是影响保险综合经营战略的重要影响因素。这其中又包含两个方面的问题。

其一，国际金融监管的趋势之一，就是对于面临风险敞口不同的金融企业提出了不同的资本要求，而实现多元化综合经营的金融企业一定程度上能够降低经营波动风险，因而金融企业有动力进行综合经营以节约资本，为股东谋求更高的回报。对于中国保险业来说，这无疑是未来是否实行金融综合经营的重要考虑因素。但是，监管者和保险经营者对综合经营的目标取向是不一样的。

监管者的主要目的是履行自己的监管责任，确保保险公司稳健经营；而保险经营者则主要着眼于在适当的风险水平下为股东创造更高的回报。因此，虽然保险监管者对于面临风险敞口不同的金融企业提出了不同的资本要求，但其最终目的在于分散风险，而不是鼓励保险经营者都搞综合经营。

其二，在中国目前金融分业监管的体制下，监管者对管辖疆域的兴趣并不亚于其对制度变革的兴趣。强势金融行业表现出对自己管辖疆域的保护而不愿意他人染指，而弱势金融行业则表现出向对方领域扩张和渗透的强烈冲动。前些年，保险监管机关表现出比银行监管机关更为积极的态度，支持保险业对商业银行、基金、资产管理领域的投资，而多年来银行监管部门一向不太支持银行投资保险业，时至今日才允许商业银行投资保险公司。但是，随着新一轮金融监管和部委体制改革的推进，这一影响金融综合经营的外在因素能否继续存在尚未可知。在我国三十年的金融体制改革中，监管导向反复变化，金融企业所从事的业务也是分分合合，经常是被动应付政策要求，缺乏主动的、长期的企业发展战略。由此可见，在不违背法律政策的情况下，企业战略应该适当弱化监管导向因素方面的考虑。

（四）单纯基于管理层自身考虑

管理层出于自身利益考虑而热衷综合经营有两方面的原因。一是对自身职业风险的考虑。综合经营的企业较之于单一业务的企业（不限于金融行业），其管理层的更替频率要低，原因之一在于单一业务企业经营风险大，收益波动性大，管理层的职业风险也大。但是，如果综合性业务之间不具有范围经济效应，那么，通过综合经营来分散经营风险对股东并无益处，因为投资者完全可以通过自己持有不同金融企业的股票来实现投资分散化的目的，无需金融企业管理层代劳而额外增加成本。二是个人理想抱负和心理诉求的因素。当前中国大型国有金融企业管理层的人事任免并非基于市场机制，但他们却也热衷于综合经营，这又是为何呢？对于中国金融综合经营的情况，除了运用范围经济理论给予解释外，金融企业管理层个人理想抱负和心理诉求的因素也应纳入考虑的范围。管理层的薪酬水平、社会地位乃至政治话语权和心理诉求的满足，相当程度上取决于金融企业的社会影响力，而金融企业的社会影响力又决定于自身的规模和涉足的产业领域范围。管理层的个人理想抱负和心理诉求因素本身无关道德评判问题，但应注意引导其遵循维护股东和社会利益的准则。

因此，在分析中国保险业综合经营原因时，不能将其只归因于范围经济效应和一站购齐并大加宣扬，选择金融综合经营的企业有其特定的禀赋和驱动因素。在中国特殊的金融改革背景下和迅速发展的资本市场中，多种因素共同构成了驱动金融综合经营的合力。目的殊异的各方市场主体，外部的、内部的、主动的、被动的，共同掀起了金融综合经营的潮流。对金融综合经营选择者和拥护者的自身立场和决断过程的分析，比只关注纯粹的学理范畴下的范围经济理论更接近现实世界：一方面，更能为保险经营者在考虑选择单一经营还是综合经营时给予有益的借鉴和参考，消除认识误区，帮助其作出理性决策；另一方面，更能为金融监管和政策制定提供准确、客观和全面的分析基础。

二、综合经营背景下保险业经营的指导原则

置于综合经营的背景之下，我国的保险业必须认清自身所处的客观环境和现状，充分认识综合经营的优势和劣势，避免综合经营过程中的盲目性，控制企业风险，提升企业资源整合和创新能力。在综合经营的背景下，保险业的经营应当遵循以下原则：

（一）以保险业务为核心，突出自身优势

1. 以保险业务为核心

基于提供风险保障产品为目的的保险业务应该是保险业开展综合经营的起点和基础。我国保险企业的综合经营战略定位应该是：一家以保险业务为核心的综合性金融或者风险保障服务集团，提供多元化金融和风险保障的服务与产品。从国外成功的金融综合集团的经营来看，都是将自己的本源业务作为核心和基础业务。当今，在全球金融业综合经营的浪潮下，外部环境的变化和市场的激烈竞争使得一些原本单一经营的金融企业走上了综合经营之路。尽管如此，就当前的格局分析，全球金融业依然可以划分为银行综合集团和保险综合经营集团，尽管两大金融集团都基于综合经营战略的基础运作，但是他们最主要的业务依然分别是银行业务和保险业务，例如以银行为核心的花旗、汇丰、美洲银行等集团；以保险业务为核心的 ING、AIG、安联、安盛等集团。除了表现为分别以银行业务和保险业务为核心外，还表现为在进行战略收缩时，也是收缩非核心业务。例如，2004 年花旗集团就剥离了旗下的保险业务。因此，

保险业在综合经营战略下进行业务的扩张和收缩时,都应以保险业务为核心。

2. 突出自身优势

(1) 突出资产管理业务。

资产管理业务原本是保险业务的衍生业务,保险公司收取的巨额保费和给付存在不同期间的时间差,因而积淀于保险公司。保险公司如何有效运用这些沉淀资金,是降低保险产品价格、提高企业效益和市场竞争能力的重要方面。随着消费者需求的多样化和客观环境的变化,保险公司逐渐开发带有资产管理功能的保险产品,如两全保险、分红保险、万能保险和投资连结保险等,以满足客户的特殊需求,由此大大扩展了保险公司的业务范围和社会影响力。相对于商业银行、证券和信托等金融机构来说,保险公司从事资产管理业务的优势更为突出,例如,我国居民储蓄中的相当比例属于预防性储蓄,储蓄的目的在于应付可能出现的各种风险,如果金融企业能够结合保险特征开展资产管理业务,与风险保障类产品捆绑设计,则比单纯采取预防性储蓄更能满足消费者的需求;其次,保险公司适合开发一些长期性、需要较强精算技术的理财产品。因此,资产管理业务可以考虑作为保险公司开展综合经营战略时,除保险业务之外的首选方向。国外保险公司,尤其是寿险公司都把资产管理作为保险业务外的第二大业务。

从社会角度来看,我国委托理财市场发展潜力巨大。2007年底,中国居民储蓄为172 534亿元[①],这是保险公司开展资产管理业务的巨大资源。其次,党的十七大报告中首次明确提出,要"创造条件让更多群众拥有财产性收入"。这一提法既符合我国城乡居民目前的收入现状,也完全切合人民群众增加未来收入的愿望。各类金融机构不再拘泥于自己的传统产业,开始在资产管理业务方面展开竞争。第三,资本市场的发展也为保险公司开展资产管理业务提供了外在发展空间。

今后,保险业资产管理的发展应该在以下方面有所突破:一是将保险资产管理业务提到公司的战略地位,更加积极地开展与投资及其风险控制有关的研究;二是保险公司资产管理业务向综合理财平台过渡;三是积极开发具有保险特征的资产管理产品,突出保险业专业优势。

(2) 充分利用销售渠道优势。

相对于其他金融企业,特别是商业银行来说,保险公司的劣势是缺乏网点

---

① 国家统计局公布数据。

资源。但是，保险业的最大优势在于主动性销售的人力机构资源和销售能力。[①]

保险销售渠道的优势在于其销售的主动性，相对而言，证券产品销售的主动性要弱一些，银行产品销售就更为被动一些。保险销售渠道的主动性使其便于销售综合性和复杂性的金融产品。当今金融综合经营潮流的缘由之一在于追求金融经营的范围经济效应，提供一站购齐式的综合性金融服务。如此来看，将保险销售渠道提升为金融产品的综合销售渠道，将更加有助于提高客户对保险销售终端的依赖度与忠诚度。

我国保险企业综合经营要遵循循序渐进的策略，如果能够充分利用好当前的渠道优势，那么，保险业在综合经营战略之路上将呈现"进可攻、退可守"的态势。如果保险公司采取本章后述的业务合作和结盟的方式开展综合经营的话，保险公司可以代理销售其他金融企业产品，这样，在成本投入很小的情况下可以获得较高的收益。而当前我国多数保险公司的代理人和大部分专业保险中介机构还只是销售保险公司的产品，今后可以考虑销售商业银行信用卡、证券投资基金等产品。2007年底，国内基金市场的规模约3.2万亿元[②]；银行信用卡发卡量8750万张[③]，无论是基金还是银行卡的销售费用都相当可观。保险公司具有明显的人力营销资源优势，并且具备销售多种金融产品尤其是代理销售基金产品和银行信用卡的能力。因此，保险公司应该充分发挥好渠道优势。

目前，我国保险业虽然有很强的代理人销售网络，但代理人的素质相对较低，还不能满足保险业开展综合经营的要求。因此，为了用足保险业的销售渠道，应在销售领域引入高级人才，改变薪酬办法，将简单的保险代理人转变为客户的"理财策划师"，适应综合性金融产品的销售。今后，也可以考虑允许大型保险集团将销售代理人渠道改造成为专门机构，设立专业性综合销售公司。

（二）创新产品，提升效率，强化企业综合竞争力

1. 整合资源和产品创新

综合经营应该有利于客户导向的产品创新，既满足客户的需要，也提升自

---

① 根据中国保险监督管理委员会网站公布数据，截至2007年12月31日，全国共有保险营销员2 014 900人。
② 数据来源于中国证券监督管理委员会网站。
③ 中国人民银行统计数据。

身的竞争力。例如，我国台湾地区的金融控股公司就推出一种信用卡连结寿险产品。一旦信用卡持卡人死亡，其信用卡透支消费金额也不用偿还。这就是一种典型的综合经营下的金融产品创新。以信用卡作为保险产品经营的载体，银行将从信用卡刷卡过程中收取的手续费的一部分作为寿险保费，而以持卡人死亡时给予的透支金额偿还义务的豁免作为死亡给付。这样一种产品设计，是典型的金控形式下的产品创新。事实上，如果没有这样的产品，当普通信用卡持卡人死亡时，商业银行也很难追回透支消费金额，通过这样一种信用卡连结寿险产品的设计，商业银行既体现了人性化的商业经营理念，同时也极大地拓展了寿险和信用卡两方面的业务。

2. 降低成本，提升企业运营效率

降低产品价格是企业竞争的重要工具。只有降低了产品成本，金融产品才有更大的降价空间。保险业综合经营不是简单地涉足其他领域，其重要目的之一是发挥协同效应，降低产品和服务的成本。当前中国银行保险的业务手续费过高，从 20 世纪 90 年代的 1% 上升到现在的 3.5% 左右，从而使得银保业务对于保险公司而言已经成为"鸡肋业务"，有些保险公司干脆停止使用银行渠道销售保险产品，其实这对于银保双方都是不利的。在银保业务手续费率居高不下的情况下，保险公司可以考虑涉足商业银行，建立自己的营业网点，降低保险产品的销售成本。再如，财产保险公司通过设立灾害防阻企业，除了可以为客户提供风险咨询服务外，还可以实际进行灾害的预防和消除，由此直接减少财产保险公司的赔付成本。

综合经营应该基于提升企业效率，从中国领先的保险企业经营实践来看，综合经营有助于提升企业的单一客户销售收入，降低单一客户的服务成本，从而提高单一客户的利润贡献。具体参见表 6 – 1：

表 6 – 1

	单一客户销售收入	单一客户的服务成本	单一客户的利润贡献
保险业平均	100%	100%	100%
银行业平均	94%	118%	205%
综合金融集团平均	208%	40%	310%

资料来源：作者根据中国平安保险集团公司提供的资料编制。表中数字以保险业平均数为基数，并将其定为 100%。

3. 着眼于提高客户服务水平

（1）提供综合性和个性化的专业服务。保险业综合经营应该注意各类金融服务之间有紧密联系，客户有综合性需求，然后保险公司才能够在综合经营的平台上进行产品与服务的创新，满足投保人多方面的金融需求。保险综合经营能够满足投保人的多方面需要。投保人把资金放在保险公司，他们已经不满足于单一的风险保障的需要，而是要求保险公司能够提供"一站式"服务，使得保险产品具有风险保障、储蓄、投资和实体养老等多方面功能。例如，寿险公司开办老人安养机构，免除了老人领取养老金后自己寻找养老机构的成本，直接为其提供满期给付和安养服务的"一条龙"和"个性化"的服务。通过降低企业成本，极大提高了保险业竞争力。

（2）提供品牌化和标准化的专业服务。在综合经营战略下，保险企业应该发挥品牌优势，在同一品牌下，从客户需求出发，提供满足客户需求的一站式综合金融产品，并提供"标准化"的客户服务。这样既能降低客户寻求服务的搜寻成本和交易成本，也能提升自己的品牌影响力，节约营销成本。

（三）有效控制风险和稳健经营

1. 防范风险在不同行业之间相互传播和蔓延

保险业开展综合经营，一方面可以在多种业务之间分散风险，但是另一方面，随着综合经营步伐的加速，金融风险更容易在不同行业之间相互传播和蔓延，从而可能带来更大范围的风险。保险业在开展金融综合经营时，应该主动度量和控制自身的风险，监控自身关联交易，防范金融综合经营带来的风险扩散问题。目前，我国金融集团在控制关联交易方面还没有建立有效的监管制度和内控措施。今后，我国保险综合经营企业应建立有效的风险控制体系，建立严格的内部审计、稽核体系和执行监督机制，确保公司全系统经营安全和有效的风险控制；在偿付能力监管方面，对于开展综合经营的公司，也可以根据不同的风险管控效果提出不同的风险资本要求，从而激励保险公司在开展综合经营时，主动度量和控制自身风险。

2. 注意各种业务经营周期的协调

传统的保险业务盈利需要一定的回报期，例如，根据国际经验，寿险公司从设立起一般需要 5~8 年才能实现盈亏平衡，而投资收回期则超过 20 年以上，如此长的投资回报期意味着保险公司在集团化发展前期，需要其他业务如银行、证券业务提供稳定的盈利，以满足股东回报要求，维持股东信心，并为集团后续发展提供更充足的资金支持。因此，保险公司此时可以考虑涉足一些与寿险业务在盈利方面具有互补性的产业，如资产管理、银行等，充分利用这种互补性来降低自己的财务风险。从我国近十几年的金融实践来看，保险、银行、证券三大金融行业都具有较为明显的行业互补性。

三、保险业未来综合经营的战略方向和实施方式

保险公司应根据外在环境和自身禀赋确定专业化经营或综合化经营的战略定位。对于业已采取综合经营战略的保险公司则应根据自身保险业务性质确定采取横向综合经营还是纵向综合经营，在此基础上，再根据自身条件和法规要求采取合适的综合经营形式。

（一）保险业未来综合经营的战略方向

在未来的保险业综合经营的过程中，保险公司将面临两种战略选择，尽管目前保险业主要考虑的多是横向综合经营，但是，在国外，已经有保险公司开始设计纵向产业链条的整合并取得成功。而国内的一些保险公司例如上海国华人寿也已经考虑纵向综合经营战略。可以预测，不管是横向综合经营还是纵向综合经营，它们都将在未来综合经营过程中扮演主要角色。

1. 横向综合经营

保险综合经营中的横向发展战略，指跨多险种业务线，即涵盖财险、寿险、健康险、企业年金，甚至进一步涵盖多种金融业务如银行、证券、信托等业务的战略。目前我国保险综合经营基本上都属于"连横"一类，为此，保险业进行了多种层次的"连横"。首先，是产品层面的"连横"，比如开发出投资连结保险；其次，是保险业内的"连横"，主要指产寿险兼营；第三，是在更大范围内即金融业内的"连横"，即保险业涉足银行、证券、信托等其他金融行业，其高级形式是打造金融控股集团。

2. 纵向综合经营

保险综合经营中的纵向发展战略是指在保险业务线的基础上，沿保险产品价值链向上或向下拓展，例如保险公司基于提供风险保障产品的战略目的而成立经纪代理、资产管理、老人安养、健康医疗、灾害防阻等机构。我国保险业对于"纵向"战略缺乏重视。少数保险公司成立了自己的经纪或代理公司；个别保险公司虽然提出房地产反向抵押贷款保险产品的规划，但该产品只是为养老保障提供资金融通，而并非从事真正意义上的老人安养；而对于保险企业涉足健康医疗、灾害防阻、风险咨询等产业，基本停留在口头上或者战略规划层面。

3. 消除综合经营方向上的认识偏差

为什么我国保险业在综合经营之路上热衷于横向综合经营而忽视纵向经营战略呢？我们认为，这里可能存在以下两个认识上的问题：

首先，对"合纵"提升保险业核心竞争力的重要意义认识不足。综观世界各国，保险业涉足其他金融行业的情况不胜枚举，但是其竞争力优势仍然在于提供保障产品方面。这是保险业与银行业、证券业、信托业、基金业等其他金融行业相比较的优势所在。另一方面，在风险管理和社会保障领域并非只有保险一个行业，老人安养、健康医疗、灾害防阻、不动产管理等机构也都在不同的领域发挥着风险管理和社会保障职能。如果保险业能够充分有效整合以上行业的资源，那么，就能够为社会提供更为全面的风险管理和社会保障服务。例如，我国台湾地区的新光人寿、富邦保险、中国人寿等保险企业都纷纷涉足老人安养产业，如开发银发住宅（日本叫"年金屋"），由保险公司经营管理，消费者购买年金屋人寿保险，而寿险公司以退休住宅的居住及生活和医疗以及娱乐服务为保险给付。这样，不仅有力地促进了寿险保单的销售，同时还涉足了房地产开发和租赁行业，在"合纵"的基础上实现了"连横"。然而，这种"合纵"和"连横"仍以风险管理和社会保障为核心，从而具备了其他金融行业所不可比拟的优势。

其次，对"合纵"弱化保险业的"金融属性"有所顾虑，担心行业因此会被"矮化"。这种担心是不必要的，理由在于：第一，保险业的"金融属性"源于保障业务中保费收入和赔付支出的时间差，因此，保险业的金融属性是后天获得的，是派生的。这与银行业、基金业和信托业金融属性的先天获得性有所不同。如果保险业认识不到自身在风险管理和社会保障方面的核心优势和竞争力,而是一味地与银行、证券业比拼资金融通功能,那是非常不明智的。举例来讲,我国保险业近些年来资产规模的扩大,在很大程度上归功于新型寿险产品,尤其是基金特性很强的投资连结产品的发展。各保险公司也大力推广该产品,希望其快速提升公司保费收入和资产规模,贪大求快。这两年我国资本市场适逢牛市,基金业资产规模借势轻松超过保险业。由此可见,资产管理业务仍然不是保险业最核心、最具竞争力的业务。其二,实行"合纵"战略就会"矮化"保险业吗?世界上具有影响力、受人尊重的大企业并非都是金融业,这些大企业之所以具有影响力、受人尊重,并不在于其行业属性,而在于他们能够为客户、股东、雇员、商业伙伴乃至整个社会持续不断地创造价值,在于其为人类发展和文明进步所做出的卓越贡献。如果保险企业能够尊崇人性、关爱民生、着眼于社会和谐,提供以风险保障为基础的纵向一体化的精致产品和服务,那么,不仅不会遭到"矮化",相反会获得社会更多的尊重,从而超越金融领域,在更广泛的社会空间拥有自己的话语权。

在保险业综合经营的道路上,"连横"绝非唯一选项,保险企业在决定自己的经营战略时,均会慎重思考,根据自身禀赋和资源优势,在横向和纵向综合经营战略中作出抉择,扬长避短,抑或连横,抑或合纵,抑或二者兼取。

(二) 保险业未来综合经营的实施方式

保险业综合经营需要采取适当的方式和载体,各种方式除了自身各具优劣势需要保险公司加以斟酌外,同时还受到法律监管方面的限制。具体而言,保险业综合经营可以考虑以下三种形式:

1. 业务合作与结盟

在遵循循序渐进的综合经营战略下,业务合作与结盟应该首先是多数中小保险公司的考虑。中小保险公司基于专业保险公司的定位,着眼于提升专业服务价值,不可能也没有必要通过权益投资方式涉足银行、证券、健康医疗、老人安养等领域,而应充分发挥自己在风险保障和精算等方面的优势,专注于保险产品设计。其他方面的业务则可通过业务合作和结盟的方式委托其他行业的企业经营,其目的同样是充分发挥自己的"核心竞争力"。从目前来看可以考虑以下方面的业务合作与结盟。

第一,产品设计方面的业务合作与结盟。考虑到专业化的保险公司的金融产品很难满足客户对金融产品的综合性需求,保险公司可以考虑和商业银行、基金管理公司、证券公司、信托公司共同开发符合不同客户需求的复合型金融产品，或者与其他金融企业的产品捆绑售卖，并给予客户一定程度的费率优惠。

第二，产品销售方面的业务合作与结盟。保险公司委托商业银行、证券公司和邮局等金融机构和医院、社会养老机构等组织代理销售保险产品，或者进行一定范围的售后服务工作。

第三，售后服务方面的业务合作与结盟。保险公司委托商业银行、证券公司和邮局等金融机构代理进行万能险的提现业务，等等；又如，可以和老人安养机构进行合作，委托其向老人提供安养服务作为养老产品的给付。

第四，保险资金运用方面的业务合作与结盟。委托其他保险公司、基金管理公司、证券公司等金融机构从事保险资金的运用工作，或者直接投资商业银行、基金管理公司、证券公司、信托公司开发出来的金融产品。

业务合作与结盟的方式的特点是受到的监管方面的限制较少，便于企业灵活扩张和收缩业务。但是，这种方式一般通过合同方式确定业务合作与结盟双方的义务关系，因而稳定性较差。

2. 控股公司

金融控股公司是金融综合经营的高级形式。金融控股公司是指一个公司跨行业控股或参股、在同一控制权下经营银行、保险、证券等至少两个以上的金融事业。在金融控股公司形式下，集团母公司作为投资控股公司，一般不经营具体业务，其主要职责有：一是负责金融控股集团的综合经营战略，代表股东管理和分配资本，同时行使经营监督和业绩评价职能；二是制定清晰透明的政策标准，有效推动和监控集团综合经营业务的运营，确保集团企业的运营活动符合集团的战略目标；根据集团业务需求和经营特点，提供具有规模效应和专业优势的集中服务（例如后援中心等），协助专业子公司实现业务目标。

综观各个国家的金融生态环境，金融控股公司永远是极少数金融机构的选择，因为金控模式的综合经营需要诸多条件，未必适合所有的公司。在发达国家，也只有极少数企业具备建立金融控股公司的条件。保险业在采取金融控股公司实现综合经营时，应该注意以下问题：首先，各个专业子公司之间建立完备的防火墙，防止风险在集团内部传递；其次，集团企业建立完善的集团治理结构和信息披露制度；再次，集团决策层根据公司战略对综合经营活动进行调整，实现战略性资产配置职能，通过重组、收购等方式"介入"或"放弃"银行、证券、基金等非保险金融领域，实现综合经营的突破，快速壮大资产规模,培育新的利润增长点,实现资源的有效配置;最后,决策层对各业务线的发展和协同进行实质、有效的管控,避免"报表式综合经营"。

中国当前的分业经营和监管的政策环境便于集团综合经营战略的有效实施和经营业务的外延型扩张,但需要承担较高的管理成本和控制风险。

3. 业务扩张与整合

业务扩张与整合是指单一保险企业法人涉足其他行业。在这种方式下,保险企业内部对于从事保险、投资、证券、基金等业务的部门往往采用事业部制度,其优点在于企业对于各事业部单位的经营具有较强的控制能力,从而也能有效减少控制方面的偏差,同时还能减少控股公司形式产生的集团企业治理成本。缺点在于各业务面临的风险在单一法人企业内部混合在一起,不能够实现风险的有效隔离,客户的利益往往也得不到保护。业务扩张与整合只有在极个别国家存在。

在中国目前实施严格的分业经营和监管的环境下,保险公司如果通过自身业务扩张与整合实现综合经营尚需要监管法规方面的突破,从中国现实的经济金融环境看,也不适合全部采取业务扩张与整合来实现综合经营。但这并不妨碍在一定业务范围内允许采用业务扩张与整合的方式,例如在风险管理措施健全的情况下,寿险公司直接从事中长期商业信贷业务就是采取业务扩张与整合的典型形式,这也是当前需要尽早提上议程的问题。

结　　语

处于综合经营背景下的中国保险公司并非都要搞综合经营。驱动保险综合经营的因素复杂多样,涉及到范围经济效应、股东压力、监管部门影响、管理层自身利益驱动等方面。消除这方面的认识误区将有助于保险企业正确选择专业化或者是综合化的经营战略。

置于综合经营背景之下的中国保险业面临更多的竞争对手,保险业在市场竞争中必须知己知彼,清楚自身所处的客观环境和现状,充分认识综合经营的优势和劣势,扬长避短,避免综合经营过程中的盲目性。为此,必须遵循以下原则:一是以保险业务为核心,突出自身优势;二是创新产品,提升效率,强化企业综合竞争力;三是有效控制风险和稳健经营。

即便是对于业已采取综合经营战略的保险公司,也应根据外在环境和自身禀赋确定采取横向综合经营还是纵向综合经营,并在此基础上采取合适的综合经营实施方式。

观察中国金融市场一定时期以来的实际情况,对于综合经营,保险公司存在着一哄而上的情形,在综合经营的实施方式上多数热衷于打造金融控股公司,这与我们在本章中提出的对综合经营背景下保险公司的要求有着相当差距,这种情况也掣肘保险业竞争力的提升、保险功能的发挥和整个金融市场效率的提高。因此,综合经营背景下的中国保险业,无论是在战略定位上,还是在战术实施层面,都需要进行重新思考和正确抉择。

本章参考文献

1. 凌氚宝等:《保险业跨业经营之研究》,台湾国立高雄第一科技大学研究报告(1999年)。

2. 王士如、任曼洁:《韩国金融控股公司制度的发展与借鉴》,载《政治与法律》2005年第11期。

3. 朱南军:《保险综合经营:连横还是合纵?》,载《中国保险报》2007年12月5日。

4. 朱南军:《金融企业热衷综合经营的驱动力何在》,载《中国保险报》2008年2月13日。

第七章 综合经营背景下中国保险业外部环境的优化

引　言

第六章分析了金融综合经营背景下，保险企业的战略选择。本章则旨在分析在金融综合经营的背景下如何优化中国保险业发展的外部环境。从宏观角度看，影响保险业发展的外部环境包括经济环境、社会环境、政治环境、技术环境、文化环境和国际环境等。在这些大的环境中，最重要、对保险业影响最直接，而且最具有优化可行性的是监管环境、法律环境以及货币与资本市场所构成的市场环境。

一、监管环境的优化

在金融综合经营背景下，保险监管面临着更为复杂的局面和前所未有的挑战。既要改革与完善针对原有经营模式的监管制度，又要适应综合经营的需要，更新监管理念，创新监管制度，以促进中国保险业在金融综合经营的背景下健康发展。

（一）监管理念的更新

监管理念是指保险监管所秉持的基本理论和观念，它是监管活动的总的指导思想。在金融综合经营背景下，无论监管政策的制定，还是监管规则的影响，大多都已超出保险业的范围，因此，保险监管需要更宽阔的视野;同时,因保险企业会分别采用或综合化或专业化的经营模式,监管部门还需针对各类发展模式下的保险企业,细化监管规则和监管制度,为各类模式的保险企业的发展创造条件。

在金融综合经营背景下,监管理念的更新至少应表现在以下几个方面:其一,监管规则的制定应着眼于在满足金融服务供给方对规模经济和范围经济的追求和金融服务需求方对便利性和专业性的追求这两个方面寻求平衡。其二,以保护债权人的利益为重,超越部门利益和公司利益,在金融机构和消费者之间寻求效率与公平。其三,以防范风险为基本原则,监管改革与创新应建立在风险有效防控的基础之上。其四,借鉴发达国家金融综合经营过程中功能型监管的理念,合理界定保险公司的业务范围,为金融综合经营做好充分的准备。其五,关注保险业的发展周期,在整体经济景气循环处于高点的时期,应加大市场融资力度,注重社会增量资本的注入,注重银、证、保的融合,注重业务的拓展;相反,在整体经济景气处于低点的时期,应着力夯实保险业的发展基础,强化制度建设,将专业化建设放于首要位置。其六,为在金融综合经营的进程中占据优势,保险业监管应进一步重视保险的社会管理功能,舒缓保险业的保费冲动,提升保险业在风险管理方面的话语权。

(二) 监管体制的改革

1. 监管体制及监管模式

监管体制是指一个国家或地区为了确定监管的职责划分和权力分配,对监管所进行的一系列制度安排,它是一整套机制和组织结构的总和。监管体制解决的是由谁监管、对谁监管以及如何监管等方面的问题,因此,监管体制的基本要素是监管组织结构和监管手段。

金融监管的主体即金融监管的具体实施者。适应金融自由化和综合化时代日益复杂的金融服务的需要,除了政府监管机构外,现代市场化金融的监管主体还包括多个不同性质的监管主体,如证券交易所对上市公司和证券公司的监管等。

在金融综合经营背景下的监管体制有机构型监管和功能型监管两种模式。按照鲁宾(Robert Rubin)的定义[①],功能型监管是指金融机构所从事的某项

[①] 1997年5月,美国前财政部长鲁宾代表克林顿政府向国会提交了金融体制改革的报告。主要内容是取消银行业、证券业和保险业经营的限制;试图允许银行和工商企业互相融合,以增进金融业的效率,保障金融业的稳定。

业务由一个监管机构来监管,而不论是哪一个机构从事了该项业务。机构型监管则是按照金融机构性质的不同,设立不同的监管机构,按照金融机构的类别分别进行监管。

一般认为,功能型监管是美国适应综合经营的发展潮流和层出不穷的金融创新的挑战而形成的金融监管理念,1999年的《金融服务现代化法案》[①]将功能型监管的理念落实到具体的监管实务中。该法案允许一些合格的银行控股公司及在联邦注册的商业银行的子公司从事证券、保险业务活动,同时对各州禁止保险公司涉足银行业活动的权利加以某种限制。GLB法案是美国金融业向综合经营迈进的过程中,机构型监管和功能型监管理念相互冲突和协调的产物[②]。

而在美国,整个金融业的功能型监管模式实际上与保险行业内部的功能型监管是一脉相承的,从有利于保险业发展以及奠定保险行业综合经营基础的角度出发,我国借鉴发达国家的功能型监管应从保险业内部的功能型监管模式的引入开始。也就是说,在金融综合经营背景下,功能型监管的理念应首先在保险业内得以贯彻。应当借鉴发达国家的经验,合理界定保险公司的业务范围,为金融综合经营做好充分的准备。

2. 保险业内部的功能型监管模式的引入

我国保险业的监管尚处于典型的机构型监管阶段,保险公司被划定为财产保险和人寿保险两大类,与此对应,中国保险监督管理委员会和地方保险监督管理局都分别设有专门监管财产和人身保险的两大部门,分别监管财产保险公司和人寿保险公司。诸多问题因此而生。这样的机构型监管模式在一定程度上限制了一些同时经营产寿险业务公司的发展,也造成了产寿险两大领域关于责任保险和第三领域保险业务经营权方面的矛盾。在这方面,发达国家的经验值得借鉴。

美国的原保险公司分为两大类别,即人寿和健康保险公司、财产和责任保险公司。而美国各州保险业务的划分多采用"险种制",即州保险监管机构按险种核准营业范围,而不完全拘泥于公司所属的大类和名称。比如,只要经过核准,产险公司也可以经营意外伤害及健康保险业务,人寿和健康保险公司也

---

① 《金融服务现代化法案》即《格兰姆—里奇—布利雷法》(The Gramm-Leach-Bliey Act of 1999)。

② 杨惠:《机构监管与功能监管的交错:美国GLB法案的经验》,载于《财经科学》2007年第5期。

第七章　综合经营背景下中国保险业外部环境的优化

可以经营密切相关的责任保险业务。纽约州保险法的第1113条将保险业务区分为人寿保险、年金、伤害与健康保险、火灾保险等25类；而加州保险法将保险业务区分为人寿保险、火灾保险、海上保险、产权保险、失能保险等20类。每个保险公司在经营中都不能超出监管部门核准的业务范围。

这种制度安排，在1999年美国《金融服务现代化法案》出台打破了保险、银行、证券、信托分业经营的格局之后，为保险公司的业务范围从保险业务迅速向其他金融业务领域扩展奠定了良好的基础。

日本保险业顺应金融综合经营潮流的历史经验值得关注。日本的保险公司分为生命保险公司与损害保险公司。基于"人寿保险是以比较精确的统计为基础的长期合同，而损害保险是以推定损失率为基础的短期合同"的立法和监管理念，1996年之前，日本长期禁止生命保险公司与损害保险公司相互渗透，无论是1939年日本《保险业法》从《商法》中剥离出来之前还是之后，这一理念始终是保险业务融合难以跨越的鸿沟，直到1996年之后，日本保险业法历经多次修改，才开始引导着日本保险公司的经营范围从窄到宽地拓展开来，日本首先于1994年放开了生命保险公司经营"第三领域"保险的限制；然后于1998年允许生命保险公司和损害保险公司以子公司的形式相互兼营；2000年准许寿险和非寿险公司销售彼此的产品；最后，逐步放开保险与银行、证券等其他金融行业的综合经营。目前，保险公司可以按照《日本保险业法》的规定开展金融期货交易、金融衍生交易的中介、经纪或代理等11个大类的其他金融业务。

英国是现代保险法律制度的发源地。1909年的《保险公司法》历经近10次修订，形成了1982年《保险公司法》并沿用至今。根据该法，保险公司的保险业务分为长期业务及一般业务。长期业务包括人寿保险与年金保险、婚姻与生育保险、投连型长期保险 长期健康保险（指超过5年或保证续保的疾病或伤害保险）、唐提保险（Tontines）、退休基金管理；一般业务包括伤害保险（含意外或特定意外所致伤害或死亡，疾病或特定疾病所致残废）、疾病保险、汽车保险等18种险种。1982年以前，英国对人寿与财产保险的兼营，原则上没有禁止性规定。英国保险市场上一直存在着同时经营寿险和非寿险的"混合式"保险人（composite life and non-life insurer）。但在英国贯彻欧共体第一代保险指令时，出现了英国与欧共体成员国保险分业经营体制不配套的问题。尽管英国1982年的保险公司法也采用了寿险和财产险分业经营的制度，但1982年以前被核准的混合式公司仍然可以继续兼营，只需在会计和资金上分别核算，且两种业务必须分别维持其最低的法定偿付能力。至于通过控股公司实行兼营，目前在英国则非常普遍。

法国《保险法》将保险公司业务划分为 26 个大类。第 L321 - 1 条规定，保险企业可就一项或多项保险业务提出经营权申请，获得监管部门批准后方可经营，而公司的组织形式和注册资本量决定着公司能够经营的业务种类的多寡。目前，法国的保险公司有寿险公司、非寿险公司和混合型公司三种类型。在法国的 495 家保险公司中，94 家为寿险公司，357 家为非寿险公司，44 家为混合型保险公司，混合型保险公司可同时经营寿险、健康险和财产损失险。专业的寿险公司不能直接经营意外伤害保险与健康保险，但可以向其客户推荐该类产品，并将收取的这两类险种的保费转给一家关系密切且可以经营财产与责任类保险的非寿险或混合险公司。在综合经营方面，根据法国银行法，法国银行可以通过设立子公司的形式经营保险业，银保融合是法国保险业的一个重要特征。

我国的保险法把保险业务范围分为财产保险业务和人身保险业务，其中，财产保险业务又分为财产损失保险、责任保险、信用保险等；人身保险又分为人寿保险、健康保险、意外伤害保险等。2002 年修改后的保险法规定，同一保险人不得同时兼营财产保险业务和人身保险业务；但是，经营财产保险业务的保险公司经保险监督管理机构核定，可以经营短期健康保险业务和意外伤害保险业务。法律修订及时地解决了第三领域业务的经营权问题，但寿险公司希望开展相关的责任险业务的呼声和各界争论却一直没有停止过。

发达国家商业保险公司业务领域的划分，为我们提供了以下启示：

第一，在保险种类的规定方式上，可以更加具体和详细。我国可以借鉴发达国家的经验，将保险业务细分，比如像美国和法国一样，列出 20~30 个大类，并明晰定义每一类保险业务。不同的保险公司可以申请相对应的业务类别，由保险监管部门根据混业和综合经营的政策、法律和法规条件、保险业整体的发展规划以及公司的具体情况和保险业控制风险的需要，逐一核准各个公司的业务范围。

第二，随着社会经济条件的变化，及时调整关于保险业务范围的相关规定。金融综合经营的条件在逐渐成熟，消费者的需求也在发生着变化，一些保险公司在混业经营和交叉销售中积累了丰富的经验，此时对保险业务种类的粗略划分和严格限定已经滞后于社会经济环境的变化，需要与时俱进，绕开某一类业务经营权限引发的产、寿险两大领域的争论，从而使整个保险业务范围的规定能够适应新的形势，而不是落后于实践的发展。

第三，通过业务划分，调整重点，突出保险的社会风险管理功能。保险机制在一些关系国计民生的重要领域发挥作用可以大大提高保险业声誉。对具有重大社会影响的保险项目，如巨灾保险、出口信用保险、存款保险，尤其是法定强制保险等业务的清晰界定、划分与授权，可以有针对性地将这些业务置于良性循环的发展轨道。

3. 统一监管与分业监管的选择

按监管机构设置的不同，又有统一监管和分业监管两种，统一监管是设立一家监管机构来监管所有金融业务和金融机构，德国、英国、日本、韩国、澳大利亚是统一监管的典型国家。目前我国采用的是典型的机构型监管和分业监管，三个部级单位——银监会、证监会和保监会分别监管金融业中相应的金融机构。

我国目前机构型监管和分业监管相结合的模式，尚不能很好地适应金融综合经营的发展趋势。如果处理不当，不但会引发难以化解的金融风险，影响整个金融业和社会经济的稳定，还会从根本上抑制金融各业在综合经营道路上的健康发展。Merton（1995）[①]认为，随着现代融资技术的进步，金融机构的业务种类界限将变得越来越模糊，不再以机构类别的概念区别金融市场，而是根据功能来划分各种金融活动的类型。因此，在金融综合经营逐渐深入的大背景下，在保险业之内引入功能型监管模式的基础上，更重要的是基于我国金融业发展的现实条件，在保险业之外、金融业之内，探索功能型监管和统一监管模式，并在条件成熟的情况下，尝试功能型监管和统一监管相结合的监管模式。

为适应金融综合经营的需要，我国早在 2000 年就建立了人民银行、证监会和保监会三方联席会议制度，其目的在于充分发挥金融监管部门的协同效应，交流监管信息，及时解决分业监管中的政策协调问题。2003 年，银监会与中国人民银行分拆成立后，当年 9 月，银监会、证监会和保监会召开了第一次新监管联席会议，通过并于 2004 年联合发布了《在金融监管方面分工合作的备忘录》，备忘录明确了三方在金融监管中的职责和协作义务，其中最重要的成果是确立了对金融控股公司的"主监管"制度，设立了三会监管联席会议制和经常联系机制，但联席会议并非具有强制力和决策性质的制度安排，尚未形成金融监管协调的长效机制。

目前，"大部门制"的政府机构改革被认为是中国行政体制改革的一个突

[①] Merton, C. Robert, A Functional Perspective of Financial Intermediation, 24FIN. MGMT. 23, 1995.

破口。"大部门制"旨在减少所谓"有利益时大家抢,负责任时大家推"的管理缺位和越位现象,是向美国、加拿大和西欧等市场经济发达国家精练高效的政府看齐,是中国从计划经济体制向市场经济体制转型到了比较深入阶段的必然要求。

然而,金融业和其他行业相比,有着独特的发展规律。根据中国的金融分业经营历史较短、金融综合经营的基础尚不牢固的基本国情,当前就按照所谓的"大部门制"将三会合并实际上并不可取,在分业经营向综合经营过渡的早期阶段,目前最需要的是形成一套针对保监会、证监会和银监会的权力制约[①]和协调机制,使整个金融业的监管更具效率,而不是成立一个在行政上和机构上看起来统一的综合监管主体。我们认为,就目前的情况而言,三会合并的时机并不成熟,为了提高监管层次和监管效率,比较可行的是由人民银行暂时履行协调监管职责,以提高整个金融监管体系的效率和层次。

从战略的高度考虑,我们认为,为避免重复监管和监管盲区,中国金融业的监管体制应随着金融综合经营的发展而不断改进,但所有的改革应循序渐进,在具体实施过程中,至少应设计短期和长期两个互相衔接、并能够保证顺畅转换的监管模式。其中,短期的监管模式可以是:建立以中国人民银行和银监会、证监会和保监会组成的金融监管协调委员会,作为分业监管条件下的一种长效协调机制。而长期的模式则是:在若干年条件成熟后,再将三会合并,组成金融监管部,逐步从分业监管过渡到统一监管。[②]

在短期模式的监管手段上,从保险业适应金融综合经营发展的角度出发,应强调主体监管与业务监管并重,现场监管与非现场监管并行,市场行为监管与偿付能力监管的统一。而长期模式下的监管手段则是以业务监管、非现场监管和偿付能力监管为主。

在短期和长期模式的监管重点上,都应强调一切以化解金融风险为出发点。金融综合经营所带来的保险企业的风险主要包括:风险传递、资本重复计

---

① 本书强调权力制约主要针对的是目前金融监管缺位和越位的现实。比如,投连险基金的投资管理和信息披露规则,投资类险种的销售资格管理,以及银行和信托机构在理财业务中保险产品营销资格管理等方面存在一定程度的监管缺位和越位。解决这些问题,需要监管部门的权力制衡机制。

② 在金融综合经营的背景下,德国对金融业的监管很多做法值得借鉴。即使德国的全能银行模式已经运行了若干年,但是直到条件比较成熟的2000年以来,德国才进行了比较彻底的金融监管体制的改革,2002年4月22日,德国通过了《统一金融服务监管法》,合并了银行监管局、证券监管局和保险监管局,设立了金融监管局。监管局的监管目标是:(1)使消费者更广泛、便捷地接触金融服务,(2)鼓励德国国民储蓄;(3)通过商业保险的发展,降低公民对政府的经济依赖。德国将三个局合并为一个局,然后再分设三个对应的监管部门,目的无非是提高监管效率,发挥三个行业的协同效应。

算、透明度低和利益冲突。为了更好地适应金融综合经营的宏观趋势，控制这四大类风险应是金融综合经营背景下中国保险监管一贯的重点。

为控制金融综合经营中的各类风险，国际保险监督官协会（International Association of Insurance Supervisors，IAIS）制定的核心监管原则（Insurance Core Principles，ICP）第17条集团监管（Group – wide supervision）的基本标准非常明确。该标准规定，从保险业务监管的角度，对金融集团的监管应至少包括以下五个方面的内容：

（1）集团构架和内部关系，包括所有权结构和管理机构；

（2）资本充足率；

（3）再保险和风险集中程度；

（4）集团内部关联交易及其风险，包括集团内部的担保和可能引发的法律责任；

（5）内控机制和风险管理程序，包括上报制度和对高级管理层是否称职的考核。

以上内容也应是金融综合经营背景下我国保险监管的重点领域。为适应金融综合的发展趋势，最紧迫的是按照加快发展与防范风险相结合、市场机制与政府推动相结合、经济效益与社会效益相结合的原则指导监管实践，出台保险集团的偿付能力评估和报告标准，构建职责明确、统一协调的偿付能力监管体系；完善偿付能力综合分析制度；利用现代信息技术提高偿付能力监管效率；强化偿付能力监管制度的执行力，加强对偿付能力不达标公司的监管力度，切实防范偿付能力不足的风险。

二、法律制度的完善

完善的法律制度是金融综合经营得以健康发展的基本保障，也是保险业在金融综合经营的大潮中，实现跨越性发展的必要前提。

（一）发达国家金融综合经营法律体系构建的核心原则与具体实践

在市场经济条件下，现代法治的基本原则是"法律至上"、"权力制约"和"保障自由"，发达国家金融综合经营法律体系的构建与改革恰恰是以此为核心原则的。

1999年12月，美国以《金融服务现代化法案》取代了《格拉斯—斯蒂格尔法案》，结束了美国保险、银行、证券、信托长达60多年分业经营的历史，保险公司的业务范围从保险业务逐渐向其他金融业务扩展。在此之前，尽管美国严格分业经营的弊病已经很明显，比如功能单一的金融产品越来越不能满足消费者的需要，金融综合经营体制下的欧洲大型金融集团使得美国的金融企业在国际竞争中的优势不断减弱，但几乎没有金融保险机构敢于突破法律的限制，有关综合经营的金融创新都在法律所许可的范围之内[1]。而一旦法律放开，金融综合经营的势头便若洪流般势不可挡。但即使称之为"洪流"，实际上也是被限制在了设定好的堤坝之内，因为"权力制约"在这里发挥了作用。比如，《金融服务现代化法案》规定，只有国民银行[2]及其联营机构才能经营财产保险业务，且只能经营授权产品，非国民银行不得经营；再比如，对于风险比较集中的产权保险，即使是国民银行，在原则上也是禁止承保和销售的，除非具体的州有特别的规定。当然，无论是"法律至上"，还是"权力制约"，美国金融综合经营立法的理念，或者说立法的最终目的都是在控制风险的基础上"保障自由"。

英国根据1979年和1987年修改颁布的《银行法》、1986年颁布的《金融服务法》、1998年颁布的《英格兰银行法》和2000年颁布的《金融服务和市场法》，保持了若干年的金融业分业监管体制逐渐被打破。为了适应金融综合经营的潮流，英国还在1997年成立了世界上最强有力的金融监管机构——金融服务局（Financial Services Authority，FSA）。FSA采取董事会制，由过去分别监管银行、证券、保险等9个行业的监管机构组成。法律体系和监管组织体系的构建，为金融综合经营提供了最有利的条件。在英国金融综合经营法律体系的构建中，同样也贯彻了"法律至上"、"权力制约"和"保障自由"这三大原则：先有一套比较完备的法律，再在法律条文和监管组织体系上形成权力

---

[1] 直到1998年，也就是《金融服务现代化法案》出台前，花旗银行与旅行者集团开始了美国有史以来最大的一起企业兼并活动，堪为美国金融业打破分业经营体制的一次破冰之旅。合并后的花期银行成为美国第一家集商业银行、投资银行、生命与财产保险、共同基金、证券交易、私人理财、资产管理等诸多金融服务业务于一身的金融集团。

[2] 在1863年以前，美国商业银行的成立主要是由州一级政府注册的，故称为州银行，联邦权力对它们的影响很小。1863年，美国国会通过了《国民银行法》（National Banking Act），正式建立了联邦银行制度，在这一制度下，联邦政府批准组建了和州银行相对应的国民银行，并专门成立了货币监管局对国民银行加以审批和管理。因此，美国的商业银行体系包括两大类，即在联邦当局注册的国民银行和在州政府注册的州银行。

制约,其目的都是为达到在控制风险的基础上保障自由的目标——最明显的标记是,FSA 里面的 S 指的是服务(services),而不再是监管(supervision)。

日本金融综合经营法律体系的构建也同样体现着"法律至上"、"权力制约"和"保障自由"的现代法治的基本原则。1992 年,日本颁布了《金融制度改革法案》,允许银行与证券公司间并购和业务交叉。1998 年 6 月,日本金融厅从大藏省独立出来。同年 12 月,日本政府又修改了《银行法》和《证券法》等金融法规,逐步破除了分业经营的藩篱。目前日本的保险公司已经可以按照修改后的《日本保险业法》开展金融期货交易、金融衍生交易中介、经纪或代理等 11 个大类的其他金融业务,可以说已是非常地"自由"了。

(二) 中国金融综合经营法律体系建设的进展情况

中国的对外开放和经济全球化使得中国金融业综合经营的步伐大大加快,一系列综合经营的创新性尝试显示了它旺盛的生命力。最明显的是平安、光大、中信等金融财团的雏形已基本成形,并茁壮成长。而此时,中国的分业经营之路仅仅走过了 10 多个年头。1993 年 12 月 25 日,国务院颁布的《关于金融体制改革的决定》规定:国有商业银行不得对非金融企业投资;国有商业银行与保险业、信托业、证券业脱钩,实行分业经营;要适当发展各类专业非银行金融机构,对保险业、证券业、信托业和银行业实行分业经营。

2002 年修订的《中华人民共和国保险法》第 6 条规定:经营商业保险业务,必须是依照本法设立的保险公司。其他单位和个人不得经营商业保险业务;第 105 条规定:保险公司的资金不得用于设立证券经营机构,不得用于设立保险以外的企业。

此后,我国对综合经营的限制逐渐松动。2003 年 12 月 17 日修订通过的《中华人民共和国商业银行法》第 43 条在原有"商业银行在中华人民共和国境内不得从事信托投资和证券经营业务"、"不得向非自用不动产投资或者向非银行金融机构和企业投资"后面增加了"但国家另有规定的除外",这为商业银行的综合经营留了一个出口,其后的很多尝试,比如商业银行出资设立基金公司、证券公司等皆源自这一出口。2004 年修订的《中华人民共和国证券法》第 6 条规定:"证券业和银行业、信托业、保险业实行分业经营、分业管理,证券公司与银行、信托、保险业务机构分别设立。国家另有规定的除外。"这实际上是更进一步,为证券业投资银行业和保险业预留了空间。

保险业在与其他金融业务融合方面的表现非常积极,2005 年以来新推出的规章就有《保险公司股票资产托管指引》、《保险机构投资者债券投资管理暂行办法》、《保险资金间接投资基础设施项目试点管理办法》、《保险外汇资金境外运用管理暂行办法实施细则》、《关于保险机构投资商业银行股权的通知》和《关于加强保险资金风险管理的意见》、《保险资金境外投资管理暂行办法》、《保险机构债券投资信用评级指引（试行）》等十余项，数量之多、频率之快、范围之广，都堪称史无前例[①]。

为适应金融综合经营的需要，2004年，银监会、证监会和保监会联合发布了《在金融监管方面分工合作的备忘录》，备忘录明确了对金融控股集团的合法性并确定了主要业务归口管理的监管思路，即对金融控股公司的集团公司依据其主要业务性质，归属相应的监管机构，对金融控股公司内的相关机构、业务，按照业务性质实施分业监管。比如，平安保险集团旗下有多种业务，但保险是"主业"，所以其主要监管部门是保监会。光大银行的主业是银行业务，所以其主要监管部门是银监会。

（三）依据现代法治原则逐步完善中国金融综合经营的法律法规体系

尽管联席会议富有成效，但欠缺法律约束的合作关系并不能保证效率。联席会议并非具有强制力和决策性质的制度安排，金融各业监管互相协调的长效机制尚未形成。对于产业资本如何通过控股或者参股或建立金融集团，也缺乏系统的解决方案；同时，根据业务划分确定主辅监管职责也有弊端。因为业务量的比重可能会发生变化，比如平安的银行业务如果在未来某一天大于保险业务，其监管归属是否也需要变化。而且，即使一个集团的某类业务占的比例较小，但是其对该集团的影响可能非常大。此时，监管的空白和隐患难以避免。

因此，根据"法律至上"的原则，需要在《备忘录》的基础上，吸取其他国家的立法经验，制定更具约束力的法律或法规，解决金融综合经营背景下保险业和其他金融业务的监管问题，以化解分业监管和综合经营的矛盾。

根据"权力制约"的原则和中国的国情，当前就按照"大部门制"将三会合并实际上并不可取，现在需要的是形成一套针对保监会、证监会和银监会的协调和权力制约机制。一个地位超然而又具有权威的总协调人不可或缺，而受部门利益影响，无论是证监会、保监会，还是银监会都不可能担当这一角色。应考虑建立第四监管机构，并赋予其超越三个委员会的职权。但是，新设机构

[①] 徐高林：《高级保险投资教程》，北京大学出版社2008年版。

第七章 综合经营背景下中国保险业外部环境的优化

涉及复杂的程序性问题,将无法满足综合经营在时间方面的迫切需要。因此,我们认为,在短期模式下,可由人民银行暂时履行协调监管职责,而这是由人民银行的特殊法律地位所决定的。等时机成熟时,再以分拆方式设置独立委员会。

根据"保障自由"的原则,金融业需要在防控风险的基础上,根据金融综合经营不同的发展阶段,尽量给金融业和消费者以最广泛的经济自由。借鉴发达国家的经验,并结合中国国情,我们认为,完善金融综合经营配套法律法规的步骤如下:

(1) 由保险业和其他金融行业联合研究讨论并上报国务院,然后通过国务院基于目前《银行法》、《保险法》、《证券法》的规定,在试点已经比较成熟的业务领域给出一系列金融综合经营的规范性法律法规文件。其中最为紧迫的主要有:

第一,银行保险产品的设计与销售的规范性文件。

目前,银行已经是保险公司仅次于个险营销的第二大销售渠道,在总保费收入中的占比达28%左右。[①] 2007年,在保险业的兼业代理机构中,银行业的保费收入是1 410.19亿元,占到兼业代理机构保费总收入的62.89%,银行类兼业代理机构77 149家,占兼业代理机构的53.91%。同时,根据对2007年各行业保险兼业代理的手续费成本比较分析,银行仍然是保险兼业代理手续费成本最低的机构(见表7-1),因此,对保险业而言,尤其是在金融综合经营的背景下,发展银行保险仍是我国保险业的较佳选择。

表7-1　　　　　2007年各行业保险兼业代理的手续费成本比较

	保费收入(亿元)	手续费收入(亿元)	手续费成本(%)
银行	1 410.19	45.32	3.21%
邮政	300.14	9.72	3.24%
铁路	4.49	0.43	9.58%
航空	2.06	0.39	18.93%
车商	192.51	19.45	10.10%
其他	332.63	32.72	9.84%
合计(均值)	2 242.02	107.58	4.80%

资料来源:中国保监会《2007年保险中介市场发展报告》。其中,手续费成本根据《2007年保险中介市场发展报告》提供的数据计算。

---

① 陈文辉、李扬、魏华林主编:《银行保险:国际经验及中国发展研究》,经济管理出版社2007年版。

与发达国家横向比较，葡萄牙银行保险的市场份额为 82%，意大利为 60%、法国接近 70%，而韩国和马来西亚等国已经达到 50%[①]，这从一个侧面说明我国银保市场成长空间仍然巨大。而目前中国的银行保险面临着手续费恶性竞争、手续费支付方式不规范、部分网点存在销售误导等问题，虽然 2006 年中国保监会和银监会联合下发了《关于规范银行代理保险业务的通知》，近百家保险公司共同签署了《银行、邮政代理业务自律公约》，但这些问题的彻底解决，还需要本着"保障自由"的原则，在银行保险产品的设计与销售的方面，出台更具有操作性的有关银行保险产品的设计与销售的法律文件。

第二，银行、证券、信托和其他金融机构投资保险公司股权的规范性文件。

在金融综合经营的背景下，如果突破现有的法律法规的一些限制，保险业的增量资本的来源将可迅速扩大，这对保险业的发展具有非常重要的意义，同时也为银行业涉入保险领域，拓展银行业和保险业的深层次合作空间提供必要的条件。比如，经过保险业和银行业的努力争取，国务院于 2008 年 1 月批准了银监会和保监会联合上报的《关于商业银行投资保险公司股权问题》的请示。国务院原则同意银行投资入股保险公司，而银行投资保险公司股权试点和推广的具体实施细则将由银监会、保监会联合出台相关备忘录后制定。目前，机制最为灵活的两家商业银行——交通银行和北京银行已经正式提交了相关的申请文件。这意味着政策限制解除后，保险业的扩容及其与银行业的融合将进入更实质的阶段。同样，证券业、信托业及其他金融机构投资保险公司股权的问题也可采用类似的方案解决。为降低风险，提高效率，根据"保障自由"的原则所制定的一系列规范性文件必不可少。

第三，金融控股公司的设立和管理的规范性文件。

作为已经具有实践基础且日益得到各界认可的金融控股公司来说，的确需要一系列规范文件来保证它们在"摸着石头过河"时有所依凭。一直沿着政策外缘探索前行的金融控股公司或者会取得其他公司所不可能企及的发展速度，或者可能会触犯法律而毁于一旦。转轨经济阶段，实业界、金融界乃至保险界都不乏先例，缺乏可以遵从的规则是一个主要原因。可以说，在金融综合经营的背景下，不论是从银行业、证券业、信托业、基金业，还是保险业发展的角度，根据"保障自由"的原则，制定出台关于金融控股公司的设立和管

[①] 陈文辉、李扬、魏华林主编：《银行保险：国际经验及中国发展研究》，经济管理出版社 2007 年版。

理的规范性文件,已经是非常紧迫的了。

(2) 在条件成熟的情况下,由全国人大通过《金融综合经营法》,或《金融服务法》对金融控股公司的基本形态、准入条件、组织架构、风险防范、利益输送、风险管理、上市交易、合作竞争等方面的问题做出具有可操作性的规定。

三、货币与资本市场的发展

保险业的运行,是靠风险保障和投资运营两个轮子共同驱动的,因此,货币与资本市场是保险业发展所最为倚重的外部环境之一。在金融综合经营的背景下,对保险业的发展而言,货币与资本市场所构成的外部环境显得尤为重要。

(一) 货币与资本市场所构成的保险业发展的外部环境

资本市场是金融市场的一个主要部分。与货币市场相比,资本市场的特点主要有三个:第一,融资期限长。至少在1年以上,也可以长达几年甚至几十年,甚至没有到期日。第二,流动性相对较差。在资本市场上筹集到的资金多用于解决中长期融资需求,所以流动性相对较弱。第三,风险大而收益较高。由于融资期限较长,发生重大变故的可能性也大,市场价格容易波动,投资者需承受较大风险。但作为对较高风险的报酬,其收益也较高。

在资本市场上,资金供应者主要是商业银行、保险公司、投资公司、信托投资公司、基金公司、社会保障基金、证券公司和个人投资者;而资金需求方主要是各类企业、社会团体、房地产经营商和政府机构等。其交易对象主要是中长期信用工具,如股票、债券、期货和期权,等等。资本市场主要包括中长期信贷市场与有价证券市场。其中,银行信贷市场是中长期信贷市场的主体,是由银行直接向借款人发放的中、长期贷款,此外还有信托和基金等构成的中长期信贷市场。有价证券市场是各种有价证券,如政府债券、公司债券、股票和产权凭证等的发行和买卖场所,包括证券交易所、证券承销机构和柜台市场。一般而言,只有经过证券管理机构批准的有信誉的有价证券才能进入证券交易所进行上市交易,其他证券只能在证券经营公司进行柜台交易。

在金融经营背景下,货币与资本市场是保险业向外拓展所最先触及的领域。近几年来,保险业与货币资本市场的联系日益密切。

首先,在资金运用层面,我国保险业的资金运用取得了突破性的进展。2004年底时我国保险资金运用规模是11 249.8亿元,而截至2007年底,保险资金运用余额就已经达到20 205.7亿元,增幅达179.6%,而据保监会的预测,到2010年我国保险资金运用余额将达到4万亿元左右。[①] 保险资金运用渠道也扩展到A股市场股票、境外债券、境外股票、基础设施、战略投资(私募股权)和购汇投资、国际货币市场的回购与逆回购协议、货币市场基金等新的渠道。保险资金的运用结构也发生了质的变化,债券投资占保险资金运用余额的比例上升到40%以上,而2006年我国股票市场步入上升通道以来,保险业抓住机遇,股票投资为保险业带来了巨额收益,为保险业的进一步发展注入了强劲动力。目前,保险企业已经是我国资本市场最重要的机构投资者之一,资本市场的效率直接决定着保险业的发展潜力和发展水平。

其次,中国保险企业在境内外上市发行股票的工作迅速拉近了保险业与资本市场的距离,使两者关系变得非常密切。2003年11月6日,中国人民财产保险股份有限公司在香港成功上市,中国人寿保险股份有限公司于2003年12月17日及18日分别在美国纽约和中国香港两地上市,中国平安于2003年6月在香港上市后,2007年1月9日,中国人寿又在上海证券交易所发行了15亿股A股。2007年12月25日,太平洋登陆A股市场,成为第四家上市的保险公司。2007年10月31日,保险中介公司泛华保险在美国纳斯达克上市,成为首家在资本市场上市的保险中介公司,拉开了中国保险中介公司海内外上市的序幕。

最后,保险业与其他金融业的业务交叉和融合也日益密切,最主要的表现是银行保险业务、投资连结保险业务和分红险业务的迅速发展,以及平安等金融集团的发展壮大。

(二) 货币与资本市场环境的优化

在金融综合经营的大背景下,从中国保险业发展的角度来看,我们认为,货币与资本市场的优化应从以下几个方面着手:

---

① 徐高林:《高级保险投资教程》,北京大学出版社2008年版。

1. 建设与完善市场体系

总体而言，货币和资本市场的优化首先需要从保护投资者利益的角度出发，扩大直接融资的渠道和比例、完善现代市场体系、更大程度地发挥市场在资源配置中的基础性作用，坚持依法治市，坚持改革的力度、发展的速度与市场可承受程度的统一，处理好加快货币资本市场发展与防范市场风险的关系，建设透明高效、结构合理、机制健全、功能完善、运行安全的货币资本市场。

对保险业而言，为优化货币资本市场环境，保险业可以更积极地参与货币资本市场的建设，从而使货币资本市场变得更有利于保险业的发展。

(1) 积极参与建设并充分利用同业拆借市场。

与美国和日本等发达国家相比，中国保险业利用货币市场中同业拆借这一典型货币市场的程度还相当低，也没有充分发挥活跃同业拆借市场的积极作用。这方面的国际经验是，在同业拆借市场上，保险业可以利用自己资金充裕、赔付量大和高额赔付具有偶然性等特点，加大拆入和借出资金的交易量和频率，在提高保险业资金运用效率的同时，也使同业拆借市场的交易得以活跃，使整个货币市场的效率得以提高。目前，在金融综合经营的大背景下，同业拆借市场环境的变化非常有利于保险业的参与。2007年7月，中国人民银行发布了《同业拆借管理办法》[1]，将保险公司、保险资产管理公司、信托公司、金融资产管理公司、金融租赁公司和汽车金融公司等六类非银行金融机构纳入了同业拆借市场申请人的范围，使可以参与同业拆借市场的金融机构达到了16类[2]。针对这样的变化，保险公司和保险资产管理公司有必要深入研究同业拆借市场的运行规律，仔细分析保险资金的运用特点，利用资金拆出通道，拓宽保险行业的短期投资渠道，掌握主动权，化解投资风险，同时利用拆入渠道，提升保险公司的资产负债管理能力，更有效地控制短期流动性，应付保险公司可能面临的大额赔付，从而使得保险公司腾出更多的资金实现投资的战略化和长期化，更好地投身于资本市场的资金运用，实现更丰富的长期债权

---

[1] 同业拆借是指金融机构之间相互融通资金的一种行为，同业拆借市场是中国货币市场的重要组成部分。《同业拆借管理办法》共8章54条，全面规定了同业拆借市场的准入与退出、交易和清算、风险控制、信息披露、监督管理等规范，明确规定了违反同业拆借管理规定的法律责任。

[2] 中国人民银行《同业拆借管理办法》全面调整了同业拆借市场的准入管理、期限管理、限额管理、备案管理、透明度管理、监督管理权限等规定。政策调整的主要内容可以概括为"三放松、两加强、一促进"，即在放松准入管理、期限管理、限额管理的同时，加强透明度管理、加强事后监督检查等市场化管理措施，逐步实现管理手段的市场化转型，以开放的政策促进同业拆借市场健康发展。

和股权投资,从而提高投资收益率。①

此外,保险公司和保险资产管理公司还可以通过同业拆借市场,了解到更多的银行和非银行金融机构的信息,并与其中的机构建立必要的战略伙伴关系,最大限度地改善保险企业所面临的市场环境,为金融综合经营做好准备。

(2) 创新保险产品,搭建高效的货币资本市场交易平台。

保险业还应认真分析并积极参与推进企业短期融资融券市场、债券回购市场、商业汇票市场、利率互换市场等子货币市场的发展,特别是要通过保险产品创新满足市场参与者多样化的需求,在金融市场的整体改革和发展中促进保险市场的稳定和完善。比如,可以借鉴美国保险市场上的创新产品——当期假设终身寿险,②从而以一年期定期利率的形式将寿险公司与银行等存款型金融机构放到一个平台上竞争;促进长期投资连结保险产品的创新,由此将寿险公司与开放式基金推到同一条起跑线上。

(3) 尊重游戏规则,树立保险企业在资本市场的良好形象。

作为资本市场上最重要的机构投资者之一,保险业具有资金量大和投资期限长的优势,对资本市场有着越来越大的影响。但也恰恰是影响巨大,保险业在资本市场上的作为、投资和投机的分野、长期投资和短期炒作的选择,都影响着资本市场的稳定和健康发展,也决定着整个保险行业在资本市场上的声誉和未来。

在保险业与货币和资本市场的互动关系中,在我国货币与资本市场体系的构建与完善过程中,保险业可以也应该发挥积极而独特的作用。

2. 实现保险企业与资本市场发展的良性互动

保险企业上市并持续融资是保险业在金融综合经营的背景下,面对日益激烈的国际竞争,取得飞速发展的必由之路。同时,保险业可以借助资本市场之力实现改制和重组,从而重构企业的微观经营基础,突破传统的发展模式,建立现代企业制度,实现持续、健康的发展。另一方面,上市的保险公司对资本

---

① 中国人民银行《同业拆借管理办法》充分考虑了保险公司的资产负债特性,以满足保险公司有充分的时间来应对短期的流动性需求,保险公司的最长拆入的期限达到了3个月,仅低于商业银行、城乡信用社和政策性银行的1年期限定。中国人民银行《同业拆借管理办法》规定保险公司的拆借限额是实收资本的100%,保险资产管理公司为净资产的20%。按此计算,不包含资产管理公司拆入部分,中国人寿的短期拆入资金限额可达283亿元,中国平安的短期拆入资金的限额达74亿元,可资充分利用。2007年国内各保险公司总投资收益率约为10.9%。

② 当期假设终身寿险(Current Assumption Whole Life, CAWL)是一种利率敏感型终身寿险,为不分红保单,其现金价值基于保险人的现行死亡率、投资收益和经验费用。

市场的稳定发展也发挥着日益重要的作用。比如，在中国的 A 股市场上，由中国人寿、中国平安、太平洋等保险公司构成的保险板块已经占有了重要地位，中国人寿还是全球市值最大的保险公司，对纽约和香港证券市场也有着一定的影响，而保险板块对股票市场最具有冲击力的例子则是 2008 年初中国平安再融资 1 600 亿元的消息引起的广泛争论①。

保险业与资本市场的发展是互动的，而在金融综合经营的背景下，促成两者的良性互动，则应是保险业优化货币与资本市场环境的核心战略之一。

（1）保险公司的上市效应及保险业与资本市场良性互动的空间。

资本市场对于上市保险企业，其经济效应主要表现在三个方面，即筹资效应、改制效应和重组效应。

筹资效应是最明显、最基本的效应，也是最低层次的效应。上市公司可以通过资本市场筹集到发展所需的巨额资金，以迅速壮大自己的实力，提高竞争力。从我国保险公司的实际情况来看，我国的保险公司亟须增量资本的注入从而迅速发展壮大，提高承保能力、抗风险能力和国际竞争力。目前在中国开展业务的外资保险公司中，美国恒康相互保险公司的所有者权益近 34 亿美元；美国国际集团所有者权益则高达 271 亿美元。除了几家上市公司外，中资保险公司与之相比差距仍太过悬殊。从国际经验来看，保险公司发展到一定阶段利用资本市场获得快速发展所需的资金是一种必然的战略选择。除相互公司外，国际上最大的保险公司几乎都是上市公司。在已经在中国获得展业资格的国际著名保险公司中，除加拿大的宏利、永明和美国纽约人寿等有限的几家相互公司外，几乎全部是上市公司。而为进一步发展的需要，相互公司非相互化的倾向十分明显，保险公司利用资本市场筹资仍是国际潮流。

与筹资效应相比，资本市场的改制效应对中国的保险公司来说更具现实意义。因为中国许多保险公司的根本问题之一在于产权结构单一导致的经营低效。保险公司上市，就要按照证券市场比较成熟的规制及其对上市公司的要求进行改制。国有独资的保险公司要进行股份制改造，而国有股份制公司要引入新的股东，产权结构发生重大变化，非公有资本进入保险业。上市的保险公司

---

① 2008 年 1 月 21 日，中国平安发布了再融资 1 600 亿元的消息，中国平安 A 股和 H 股双双大跌，当日上证指数跌 266.07 点，22 日再跌 354.69 点。沪深两市总市值一日蒸发 1.7 万亿元。（资料来源：《证券日报》，2008 年 1 月 23 日）。一些专家将股市大跌归结为平安的再融资计划，但另一些专家，包括平安的管理层认为，股市振荡是由美国的次贷危机和宏观调控等多重因素所引起，将股市下跌归咎于平安有失公允。但无论如何，平安已然成为资本市场上的一个重要角色，一言一行皆为资本市场的广大投资者所瞩目。

将建立真正意义上的股东大会、董事会和监事会，建立规范的委托—代理关系。保险公司成为公众公司之后，就要受到公众的监督，最高经理层要向聘任他的董事会负责，公司经营的透明性大大提高。中国四家保险上市公司的变化充分证明了改制效应的强大。

资本市场的重组效应则表现在保险公司上市前和上市后两个时段。为满足上市的要求，上市前，保险公司要进行一系列的兼并、重组和分拆，或与其他公司捆绑上市，在壮大实力的同时，也形成了优势互补的格局。上市之后，保险公司在时刻面临着经营业绩不良、股价低迷而被兼并的压力的同时，也获得了兼并其他上市公司的多种机会。资本市场上的兼并重组是保险业实现资源优化配置的重要方式之一。

当然，保险公司上市对我国资本市场的发展也有相当重要的意义。比如，可以丰富金融板块的内容，有利于证券市场的多元化、扩充证券市场容量、增加证券种类，等等。而更进一步的意义在于，保险公司上市有利于金融业中银行、保险、证券和信托等的融合，有利于金融综合经营的发展，比如中国人寿A股上市的目的之一就是为拓展更宽的金融业务提供条件，这符合国际金融一体化的发展趋势，有利于促进中国金融业的健康发展。

保险业和资本市场发展的良性互动有着非常广阔的空间。截至2007年底，中国保险市场上已经有110家保险公司，从这些保险公司自身的情况来看，保险公司上市有三个有利的条件：其一，中国资本市场尚处于经济景气循环所推动的上升阶段，创业板和股指期货等衍生金融产品的推出需要大规模的市场扩容，保险公司和保险中介公司面临着难得的上市机遇；其二，很多保险公司都已经具备了一定的实力且资产质量良好，泰康、新华、华泰等公司已经基本具备上市的基础，而新成立的公司，如永诚、阳光等保险公司的机制比较灵活，没有历史包袱，容易受到证券市场特别是中小板和创业板市场投资者的欢迎；其三，保险业作为新兴产业在中国具有良好的发展前景，这是最有利、也是最引人注目的一个条件。

而从保险公司上市的外部环境分析，经济全球化、金融一体化的国际潮流，中国加入世贸组织进程的顺利推进，国际保险集团全面参与中国保险市场竞争的必然趋势，社会保障制度深化改革对商业保险需求的刺激，国家对保险业前所未有的重视，等等，都对民族保险业的发展提出了新的要求。而保险公司欲突破发展瓶颈积极地迎接挑战，上市是一条理想的发展通道。

（2）保险业与资本市场良性互动需要关注的主要问题。

为了更好地利用资本市场，形成和资本市场良性的互动关系，保险业需要

第七章　综合经营背景下中国保险业外部环境的优化

迫切研究的问题还很多。比如，保险市场监管机构和证券市场监管机构关于保险公司上市在短期政策和长期政策间的权衡；保险市场监管机构和证券市场监管机构对保险公司上市时机、规模、上市地点、上市步骤的选择，包括：是在宏观经济景气循环或证券市场周期处于低迷盘整期、恢复期还是高涨期上市；先改造国有独资保险公司上市还是先允许股份制保险公司率先上市；合资保险公司在境内还是到香港、美国或其他地方上市；是主攻主板市场还是另谋创业板市场等途径；海外融资是发行 B 股、H 股，还是 N 股；在金融综合经营的背景下，保险公司与其他产业集团的捆绑与整合，等等。

实际上，从保险业和资本市场的良性互动的角度分析，上述上市过程中遇到的问题固然重要，但更重要的是要考虑保险公司上市后的发展战略。应谨防保险公司上市的效应仅停留在筹资层面，甚至步其他行业的一些公司上市仅为"圈钱"的后尘，上市后效益滑坡，不遵守资本市场的既定规范，以虚假的财务报告损害投资者的权益。在中国，资本市场的影响面巨大，上市公司被认为是行业的代表，代表着整个行业的整体形象，因此，保险上市公司在制订再融资计划时应通盘考虑，以防在资本市场上损害保险业的整体声誉，使保险业的声誉雪上加霜，从而妨碍保险业和资本市场上良性互动关系的形成。

在保险业与资本市场良性互动关系形成的过程中，还应该注意到，与其他产业的上市公司相比，保险公司投资面仍比较狭窄，且公司本身就拥有巨大的资金存量，尤其是在中国金融综合经营仍处于初级阶段的大背景下，更不应忽视上市时的重组与改制以及后期的发展战略；否则，即使上市时筹到再多的资金，若保险公司产权制度与经营制度不发生实质性的变化，资源配置效率得不到提高，对保险公司、尤其是对保险业的发展也就未必会取得预期的效果，保险业和资本市场良性互动机制也就难以形成。

结　语

监管环境、法律环境和货币资本市场环境是金融综合经营背景下，中国保险业发展最重要的外部环境。本章从监管理念更新、监管体制改革两个方面提出了优化保险业监管环境的政策建议；在分析和借鉴市场经济发达国家金融综合经营过程中所体现的"法律至上"、"权力制约"和"保障自由"的现代法治原则的基础上，提出优化我国金融综合经营法律环境的原则和步骤；从建设与完善市场体系以及实现保险企业与资本市场发展的良性互动两个方面，提出了着力优化保险业发展所依赖的货币和资本市场环境的思路。

本章参考文献

1. 〔美〕罗伯特·考特、托马斯·尤伦著：《法和经济学》，上海财经大学出版社 2002 年版。
2. 〔美〕乔治斯·迪翁、斯科特·哈林顿主编：《保险经济学》，中国人民大学出版社 2005 年版。
3. 〔美〕斯科特·哈林顿等著：《风险管理与保险》，清华大学出版社 2001 年版。
4. 〔美〕小哈罗德·斯凯博等著：《国际风险与保险：环境—管理分析》，机械工业出版社 1999 年版。
5. 白钦先、张荔：《发达国家金融监管比较研究》，中国金融出版社 2003 年版。
6. 陈文辉、李扬、魏华林主编：《银行保险：国际经验及中国发展研究》，经济管理出版社 2007 年版。
7. 陈欣、王国军编著：《保险法原理》，北京大学出版社 2007 年版。
8. 丁志雄、闻岳春：《金融业综合经营理论研究若干问题述评》，载《上海金融》2007 年第 5 期。
9. 李克穆、李开斌著：《个人保险产品创新研究》，中国金融出版社 2005 年版 。
10. 李扬、陈文辉主编：《国际保险监管核心原则——理念、规则及中国实践》，经济管理出版社 2006 年版。
11. 孙祁祥、郑伟等著：《经济社会发展视角下的中国保险业——评价、问题与前景》，经济科学出版社 2007 年版。
12. 孙祁祥等：《中国保险市场热点问题评析》（有关各年），北京大学出版社 2004、2006、2007、2008 年版。
13. 孙祁祥等著：《中国保险业：矛盾、挑战与对策》，中国金融出版社 2001 年版。
14. 庹国柱主编：《保险学》，首都经济贸易大学出版社 2003 年版。
15. 王国军编著：《保险经济学》，北京大学出版社 2006 年版。
16. 魏华林、李开斌著：《中国保险产业政策研究》，中国金融出版社 2002 年版。
17. 徐高林：《高级保险投资教程》，北京大学出版社 2008 年版。
18. Canals, Jordi., 1997, Universal Banking: International Comparisons and Theoretical Perspectives, Clarendon Press Oxford.
19. Cummins, J. David, et al., 1984, Risk Classification In Non – life Insurance, Hingham MA: Kluwer – Nijhoff.

责任编辑：齐伟娜
责任校对：王苗苗
版式设计：代小卫
技术编辑：邱　天

图书在版编目（CIP）数据

金融综合经营背景下的中国保险业发展——制度演进、模式比较与战略选择／孙祁祥　郑伟等著．—北京：经济科学出版社，2008.6

（北大赛瑟—英杰华保险研究系列丛书）

ISBN 978－7－5058－7224－0

Ⅰ．金…　Ⅱ．孙…　Ⅲ．保险业－经济发展－研究－中国　Ⅳ．F842

中国版本图书馆 CIP 数据核字（2008）第 072253 号

金融综合经营背景下的中国保险业发展
——制度演进、模式比较与战略选择
孙祁祥　郑　伟　等著
经济科学出版社出版、发行　新华书店经销
社址：北京市海淀区阜成路甲 28 号　邮编：100036
总编室电话：88191217　　发行部电话：88191540
网址：www.esp.com.cn
电子邮件：esp@esp.com.cn
北京欣舒印务有限公司印刷
河北三河德利装订厂装订
787×1092　16 开　11.75 印张　230000 字
2008 年 6 月第 1 版　2008 年 6 月第 1 次印刷
ISBN 978－7－5058－7224－0／F·6475　定价：26.00 元
（图书出现印装问题，本社负责调换）
（版权所有　翻印必究）